JN418442

한글 발음으로 이해하는

일상생활 속의 영어

유동진 저

도서출판 두남

인사말

안녕하세요.

올해로 현업에서 떠나 제주도에 정착한 지 12년째 되는 유동진이라 합니다.

제가 이 책을 쓰게 된 동기는 요즈음 매스컴(MASS MIDIA)에서 우리말과 함께 공존하는 외래어를 많이 사용함으로써 그 말의 뜻을 이해하는 데 혼란스러울 때가 있다는 점을 안타깝게 생각했기 때문입니다.

또한 몇몇의 지인들과 중국 교포 그리고 다문화 가족과의 만남에서도 그들이 연일 매스컴에서 쏟아져 나오는 외래어 단어를 정확히 이해하지 못하고 지나간다는 것을 알았고, 그런 분들에게 이 책이 도움이 되었으면 합니다.

저는 수출 유관단체 그리고 수출 의류 알선업으로 1975-2005년까지 30년 동안 약 25개국을 사업차 방문하였으며, 방글라데시와 베트남에 지사를 두고 한 시대에 최선을 다한 사람이라고 자부합니다.

이 책은 외국인과의 만남에서 언어소통의 문제로 실수했을 때의 경험과 저의 30년 해외 사업 경험을 바탕으로 상황에 맞는 다양한 테마(THEME)로 분류하였으며, 우리 생활 속에 들어온 외래어를 여러 경로를 통하여 발취하였습니다.

모든 분들이 이 모음집을 통하여 매스컴에서 자주 보고 듣는 정치, 시사, 드라마, 경제, 연예 그리고 스포츠의 외래어 단어를 쉽게 이해하고 즐길 수 있기를 희망합니다.

2014년 9월

저자 씀

책의 구성과 특징

어느 국가를 방문하든 글자를 모르는 문맹인은 있지만, 그들의 모국어를 언어로 사용하면서 의사소통에 어려움을 겪는 사람은 본 적이 없습니다. 경제성장과 더불어 우리나라의 문맹률도 많이 낮아졌으나 TV에서는 이해하기 어려운 외래어를 연일 쏟아내고 있습니다.

이 책은 생활 속에서 접할 수 있는 외래어를 정리하여 이러한 문제에 대응할 수 있도록 구성하였으며, 단어를 찾기 쉽게 내용별로 분류하고 한글 발음을 토대로 가나다순으로 구성하였습니다.

또한 영어와 같은 외국어의 뜻을 알기 위해 사전을 찾아보면 정확한 발음을 위한 목적으로 발음기호를 제시하고 있습니다. 하지만 실제 외국인들은 이러한 발음기호의 존재 이유에 대하여 의아하게 생각하고 있었으며, 발음기호 자체에 대하여 이해하지 못한 모습을 보았습니다. 또한 용어에 의미를 알기 위해 사전을 찾기 위해서는 정확한 영어 스펠링(SPELLING)을 알아야 하는 번거로움이 있었습니다.

이러한 이유로 본 서적에서는 영어발음을 한글화하여 단어를 먼저 찾은 후 뜻을 이해할 수 있도록 하는 것에 중점을 두었습니다.

또한 이 책은 생활 속에 들어와 있는 외래어를 상황에 따라 분류하여 어떤 상황에서도 빨리 단어를 찾을 수 있도록 준비된 단어모음집이기도 합니다.

차 례

제1편 일상생활 속의 영어

제2편 여행에 필요한 영어

제3편 스포츠 속의 영어

제4편 무역 관련 영어

제5편 알고 보면 쉬운 영어표현

제6편 일반상식

제1편

일상생활 속의 영어

CHAPTER 1

TV 드라마와 시사프로그램

요즘에는 드라마나 시사프로그램에서 다양한 영어 단어들이 등장하곤 합니다. 이중에는 바로 이해하기 힘든 단어가 있기도 하며, 문맥이나 상황 상 이해는 되었으나 단어의 의미를 정확히 알지 못하는 경우도 있습니다.

본인의 경험 상, 생활 속의 영어단어들을 많이 기억할수록 어려운 시사용어에 대한 자신감이 커질 수 있으며, 이러한 영어단어의 습득은 매스컴(Mass Communication)을 통하여 접할 수 있는 우리네 돌아가는 세상살이를 이해하는 데 도움이 되리라 생각합니다.

재미있는 예로, 피엑스(PX)라는 단어를 생각해 보겠습니다.

대한민국의 남자라면 우리나라 4대 의무 중에 하나인 국방의 의무를 다하기 위해 군대에 다녀오셨으리라 생각합니다. 군대를 다녀온 남성분들이라면 세월이 지나 잊었다 하더라도 피엑스(PX)를 모르면 옛날말로 간첩이겠지요.

군이 창군된 것이 65년 전입니다. 군대생활에서 어찌 PX에 담긴 에피소드(EPISODE)를 잊을 수 있겠습니까? 하지만 PX가 Post Exchange의 약자라는 것을 진지하게 생각해 본 적은 아마 없을 것입니다.

요즘 유행하는 오디션 프로그램에서 심사위원들이 자주 쓰는 말 중에 "노래에 소울(SOUL)이 있다." 또는 "노래를 부를 때 그루브(GROOVE)를 타야 한다."고 심사하는 것을 들어본 적이 있으리라 생각합니다.

무슨 뜻일까요? 소울은 영혼이고 그루브는 리듬입니다. 그렇다면 심사평은 "노래에 영혼이 들어있다." "노래 부를 때 리듬을 타야 한다."는 뜻일 겁니다.

또 한 가지 예로, TV에서 방송하는 대담프로그램에서는 정부 고위직 또는 교수들이 "인프라(INFRA)구축을 위한 투자를 하여야 한다"고 하는 말을 들어본 적이 있습니다.

인프라라는 말을 많은 사람들이 수없이 쓰고 있지만 실제 단어의 정확한 뜻인 사회공공 기반시설을 알고 이해하시는 시청자는 그리 많지 않으리라 느껴집니다.

대담프로그램에서 말했던 내용을 순수 우리말로 옮기면, 사회공공 기반시설에 투자한다는 내용임을 알 수 있습니다. 이제 일류 영어 번역가로 되시는 길이 보이네요.

그래도 단어가 많아 읽기 싫다고요?

그럼 이것을 해석해보세요.

"가수 태진아와 세계적 배우 겸 가수 비가 콜라보레이션(COLLABORATION)을 통하여 태진아의 히트곡을 불렀습니다."

콜라보레이션의 뜻을 아세요? 모르신다구요?

전부 우리 생활 속에 단어임에도 불구하고 영어로 된 단어가 어려우시다면 아래의 단어를 유심히 살펴보시기 바랍니다.

주제별 단어 모음

[ㄱ]

가드(GUARD) : 감시 요원

가이드라인(GUIDELINE) : 기준선, 지침서

갈라쇼(GALA SHOW) : 스타들의 자선쇼

개런티 펀드(GUARANTEE FUND) : 보증기금

개런티(GUARANTEE) : 확약, 보증

그레쥬에이트 레코드 이그제미네이션(GRADUATE RECORD EXAMINATION) : 대학원 입학 학력시험(줄인 말 G.R.E로 통용)

그르부(GROOVE) : 리듬(그루브로 통용)

글로벌(GLOBAL) : 세계적인(원어민 발음은 그러벌)

글로벌 빌리지(GLOBAL VILLAGE) : 지구촌

글로벌 워밍(GLOBAL WARMING) : 지구 온난화

기브 업(GIVE UP) : 단념하다

까메오(CAMEO) : 유명배우가 단역 출연(원어민 발음은 케미오)

[ㄴ]

내레이션(NARRATION) : 대사가 아닌 해설로 장면을 설명하는 것(나레이션으로 통용)

냅킨(NAPKIN) : 식탁에 잘 접어놓은 종이

네거티브(NAGATIVE) : 부정적인

네트 웍(NETWORK) : 연결망

노던 리미트 라인(NORTHERN LIMIT LINE) : 북방 한계선(줄인 말 NLL)

논픽션(NON-FICTION) : 실화

뉴스(NEWS) : 소식

뉴크리어 밤(NUCLEAR BOMB) : 핵폭탄

뉴크리어 에너지(NUCLEAR ENERGY) : 핵 에너지

닉네임(NICKNAME) : 별명

[ㄷ]

다큐멘터리(DOCUMENTARY) : 기록물

더블 크릭(DOUBLE CLICK) : 두 번 누르다

더빙(DUBBING) : 영화나 TV의 재녹음

데트 투 인컴(DEBT TO INCOME) : 총부채 상환 비율(DTI 약자로 통용)

덴탈 크리닉(DENTAL CLINIC) : 치과

덴티스트(DENTIST) : 치과 의사

도네이션(DONATION) : 기부, 기증

드라마 스쿨(DRAMA SCHOOL) : 연극 학교

드라마(DRAMA) : 라디오 또는 TV에서의 극

드라마틱(DRAMATIC) : 극적인

드럭(DURG) : 의약품

드림(DREAM) : 꿈, 소망, 희망

디렉션(DIRECTION) : 방향

디밀러터 라이즈드 죤(DIMILITARIZED ZONE) : 비무장 지대(줄인 말 DMZ로 통용)

디바(DIVA) : 유명 여가수

디보스(DIVORCE) : 이혼

디스카운트(DISCOUNT) : 할인(줄인 말 D.C.로 통용)

디자인(DESIGN) : 설계, 도안

디제스터(DISASTER) : 참사 재난 재앙

디테일(DETAIL) : 세부 묘사

디포짓-모니(DEPOSIT-MONEY) : 예치금, 보증금

딜러(DEALER) : 중계인

딜레마(DILEMMA) : 진퇴양난에 빠지다, 난제

딜레이(DELAY) : 연착, 지연(원어민 발음은 디레이)

[ㄹ]

라게지(LUGGAGE) : 수화물

라이트 오브 퍼블리시티(RIGHT OF PUBLICITY) : 이름, 초상 보호권

랜드마크(LAND MARK) : 주요 지형지물

랜드스케이프(LANDSCAPE) : 풍경

럭셔리(LUXURY) : 호화스러움, 사치

런칭 세일(LUNCHING SALE) : 신상품 할인판매

레볼루션(REVOLUTION) : 혁명(원어민 발음은 레버르션)

레스토랑(RESTAURANT) : 식당(원어민 발음은 레스트란트)

레시피(RECIPE) : 요리법(원어민 발음은 레서피)

레임덕(LAME DUCK) : 통치자 말련에 권력 누수현상

레저베이션(RESERVATION) : 예약

레전드(LEGEND) : 전설적인 인물

렌탈(RENTAL) : 대여

로드맵(ROAD MAP) : 계획 등을 일목요연하게 정리한 지침서

로망(ROMAN) : 선망의 대상(원어민 발음은 로먼)

로맨틱(ROMANTIC) : 부드럽고, 사랑스러운 연애

로우여(LAWYER) : 변호사

로케이션(LOCATION) : 위치

론 투 밸류(LOAN TO VALUE) : 주택담보대출비율(LTV 약자로 통용)

롤모델(ROLE MODEL) : 모범이 되어 본받고 싶은 사람(원어민 발음은 롤마들)

루머(RUMOR) : 소문, 유언비어

루키(ROOKIE) : 당해 년도 신인왕

룸 넘버(ROOM NUMBER) : 방 호수

룸 레이트(ROOM RATE) : 하루 숙박요금

룸 카드(ROOM CARD) : 방문 열 때 사용하는 카드

리딩 그래세스(READING GLASSES) : 돋보기

리슨어(LISTERER) : 애청자

리필(REFILL) : 다시 채우다

링거(RINGER) : 영양 주사

[ㅁ]

마스터 어브 세레머니스(MASTER OF CEREMONIES) : 사회자(줄인 말 M.C로 통용)

마켓(MARKET) : 시장

매뉴얼(MANUAL) : 안내 설명서

매스 미디아(MASS MEDIA) : 대중매체(매스컴으로 통용)

맨토(MENTOR) : 초보자에 경험과 조언을 주는 풍부한 경험자
머니터링(MONITORING) : 관찰, 감사(모니터링으로 통용)
머저 엔 에큐지션(MERGER AND ACQUISITION) : 통폐합(줄인 말 M & A로 통용)
멀티미디어 메시지 서비스(MULITIMEDIA MESSAGE SERVICE) : 다중매체 핸드폰으로 사진 동영상 전송(줄인 말 M.M.S로 통용)
메가헬츠(MEGAHERTZ) : 주파수(줄인 말 MHZ로 통용)
메거진(MAGAZINE) : 잡지
메그너티즘(MAGNETISM) : 사람 성격에서 다른 사람을 강하게 끄는 매력
메너페스트(MANIFEST) : 감정, 태도 등을 분명히 드러내 보이는 것
메뉴(MENU) : 차림표
메드슨(MEDICINE) : 약
메디컬 어텐던트(MEDICAL ATTENDANT) : 담당의사, 주치의
메디컬 케어(MEDICAL CARE) : 건강관리
메디컬(MEDICAL) : 의학의
메모랜덤 어브 언더스탠딩(MEMORANDUM OF UNDERSTANDING) : 양해각서(줄인 말 MOU로 통용)
메인 스테디엄(MAIN STADIUM) : 주경기장
메인 타이틀(MAIN TITLE) : 드라마 제목
메카니즘(MACHANISM) : 목적을 달성하기 위한 방법(기계 또는 조직의) 구조와 기능을 뜻함(원어민 발음은 메커니점)
메트로포리탄(METROPOLITAN) : 대도시의
모라토니엄(MORATORIUM) : 활동중지, 지불중지
모르핀(MORPHINE) : 아편 진통 의약품
몽타주(MONTAGE) : 그림, 사진, 영화 등을 짜깁기 한 것(원어민 발음은 몬타지)
미니어처(MONIATURE) : 축소된 모형
미사일(MISSILE) : 유도탄
미팅(MEETING) : 만남

[ㅂ]

바겐(BARGAIN) : 싸게 사는 물건

바겐세일(BARGAIN SALE) : 특가 판매
바운스백(BOUNCE BACK) : 위기에서 다시회복
바캉스 베비(VACANCE BABY) : 여름휴가 동안에 생긴 아이
발렛파킹(VALET PARKING) : 대리주차(원어민 발음은 발레이파킹)
백(BAG) : 가방
밸런스(BALANCE) : 균형, 잔금
뱀파이어(VANPIRE) : 흡혈귀
버케이션(VACATION) : 방학, 휴가
버클(BUCKLE) : 잠금 장치
베이비부머(BABY BOOMER) : 전쟁 후 출생률이 뚜렷하게 증가한 시기(1955-1963/한국)에 태어난 사람들을 말함
벤처(VENTURE) : 사업상의 모험
벤처컴퍼니(VENTURE COMPANY) : 벤처 기업
벤처케피탈(VENTURE CAPITAL) : 벤처기업에 투자되는 자금
벤치마킹(BENCHMARKING) : 우량기업의 장점을 도입해 경영 기준으로 삼는 경영기법
보스(BOSS) : 두목
보컬리스트(VOCALIST) : 보통 음악밴드 중에 노래를 부르는 가수(원어민 발음은 보컬레스트)
브리쥐(BRIADGE) : 연결고리, 다리
비쥬얼(VISUAL) : 시각적인
빌딩(BUILDING) : 건물

[ㅅ]

샐러드(SALAD) : 여러가지 생야채와 소스를 얹은 것
샤우팅(SHOUTING) : 고래고래 소리 지르는 것, 함성
샴푸(SHAMPOO) : 머리감는 세제
서브웨이 스테이션(SUBWAY STATION) : 지하철역
서브웨이 페어(SUBWAY FARE) : 지하철 요금
서브웨이(SUBWAY) : 지하철
서저리(SURGERY) : 외과, 수술
서전(SURGEON) : 외과 의사

서티피케이트 오브 데포지트(CERTIFICATE OF DEPOSIT) : 양도성 예금 증서(줄인 말 CD로 통용)
서포터즈(SUPPORTERS) : 후원자들
세리프(SHERIFF) : 미국 민선 보안관
세미나(SEMINAR) : 토론식 수업, 회의
세이프 가드(SAFEGUARD) : 보호 조치, 긴급 수입제한 조치
세이프(SAFE) : 안전함
세터라이트 티브(SATELLITE TV) : 위성 TV
소사이어티(SOCIETY) : 사회
소켓트(SOCKET) : 전기 플러그를 꽂는 곳
솔루션(SOLUTION) : 해결방법
숏 메시지 서비스(SHORT MESSAGE SERVICE) : 문자 전송 서비스(줄인 말 S.M.S로 통용)
수트케이스(SUITCASE) : 여행가방
쉐프(CHEF) : 수석 요리사
슈거(SUGER) : 설탕
슈팅(SHOOTING) : 쏘다. 영화를 촬영하다
슈퍼마켓(SUPERMARKET) : 다양한 생필품 파는 곳
스칼레틱 엡티튜드 테스트(SCHOLASTIC APTITUDE TEST) : 미국 대학 수능 시험(줄인 말 S.A.T로 통용)
스커트(SKIRT) : 치마
스퀘어(SQUARE) : 광장, 정사각형
스크루 드라이버(SCREW DRIVER) : 나사 도리게(드라이버로 통용)
스크린 도어(SCREEN DOOR) : 칸막이 문
스탠바이(STAND-BY) : 대기
스테디엄(STADIUM) : 경기장
스테이지(STAGE) : 무대
스템프(STAMP) : 도장, 우표
스토리 텔링(STORYTELLING) : 작가가 하는 이야기 전개
스튜디오(STUDIO) : 촬영장, 화실, 원룸
스트레스(STRESS) : 신체적, 정신적 긴장 상태
스포츠 유티리티 비히클(SPORT UTILITY VECHICLE) : 스포츠 실용차(줄임

말 S.U.V로 통용)

스포츠 콤프랙스(SPORTS COMPLEX) : 종합 운동장

스푼(SPOON) : 숟가락

스프린터(SPRINTER) : 단거리 주자

시너지(SYNERGY) : 상승

시너지 이펙트(SYNERGY EFFECT) : 상승효과

시네마(CINEMA) : 극장

시뮬레이션(SIMULATION) : 모의 실험

시어터(THEATRE) : 극장, 공연장

시크(CHIC) : 세련되고, 멋있다(원어민 발음은 쒸크)

쏘리(SORRY) : 미안함, 애석함

쓰나미(TSUNAMI) : 지진 후 해일

씬(SCENE) : 영화의 한 장면

[ㅇ]

아메리칸 브렉퍼스트(AMERICAN BREAKFAST) : 미국식 아침식사

아이돌(IDOL) : 젊은이들의 우상(원어민 발음은 아이덜)

아이러니(IRONY) : 역설적인 상황

아이러니칼(IRONICAL) : 반어의, 반어적인, 비꼬는

아이러니크(IRONIC) : 2가지 사물을 놓고 반대적인 또는 역설적인 상황에 사용

아이콘(ICON) : 상징적인 우상(원어민 발음은 아이칸)

아이터너러리(ITINERARY) : 여행 일정표

아카데미(ACADEMY) : 특수 학교, 학술 연구기관

악세사리(ACCESSORY) : 부품(원어민 발음은 엑서사리)

안티(ANTI) : 반대하는(원어민 발음은 엔티)

애그리컬처(AGRICULTURE) : 농업

애니메이션(ANIMATION) : 만화영화(원어민 발음은 에너메이션)

앨범(ALBUM) : 사진첩

앰프리튜트 마드레이션(AMPLITUDE MODULATION) : 주파수(줄인 말 A.M.)

앵커우먼(ANCHOR-WOMAN) : 여성 뉴스 진행자

앵콜(ENCORE) : 재청(원어민 발음은 앙콜)

어답터(ADAPTOR) : 전압 조정기

어라(AURA) : 어떠한 기운, 분위기

어레인지(ARRANGE) : 마련하다, 주선하다(원어민 발음은 어렌지)

어워드(AWARD) : 상

어젠다(AGENDA) : 안건, 의제

어텐션(ATTENTION) : 차렷, 주의

어프로치(APPROACH) : 다가가다, 접촉하다

어프리케이션(APPLICATION) : 지원서

어프리케이션(APPLICATION) : 휴대폰이나 스마트폰 등에 다운받아 사용할 수 있는 응용프로그램(줄인 말 엡(APP)으로 통용)

언아이덴티파이드 프라잉 오브잭트(UNIDENTIFIED FLYING OBJECT) : 미확인 비행물(줄인 말 UFO로 통용)

에너지(ENERGY) : 활기, 정력

에디케이션 쿠워션트(EDUCATIONAL QUOTIENT) : 교육지수(줄인 말 E.Q.로 통용)

에러(ERROR) :실수

에스컬레이터(ESCALATOR) : 오르고 내리는 자동계단

에어로빅(AEROBIC) : 미용 체조의 하나(원어민 발음은 에로빅)

에어포트(AIRPORT) : 공항

에티켓(ETIQUETTE) : 예의(원어민 발음은 에치켓)

에피소드(EPISODE) : 인생에서 중요했거나 재미있었던 사건(원어민 발음은 에펴소우드)

엑설런트(EXCELLENT) : 훌륭한, 탁월한

엑션(ACTION) : 행동, 연기 시작

엑스트라 테라스트리얼(EXTRA TERRESTRIAL) : 외계인(줄임말 E.T 통용)

엔지니어(ENGINEER) : 기사, 기술자

엔티 거버먼트(ANTIGOVERMENT) : 반정부

엔티 스모킹 캠페인(ANTI-SMOKING CAMPAIGN) : 금연운동

엘레강스(ELEGANCE) : 우아한, 고상(원어민 발음은 엘러간스)

오더(ORDER) : 주문(원어민 발음은 오다)

오리지날 사운드 트랙(ORIGINAL SOUND TRACK) : 주제곡(줄인 말

O.S.T.로 통용)
오터메이이티드 레스펀스 시스템(AUTOMATED RESPONSE SYSTEM) : 자동 응답 서비스(줄인 말 ARS로 통용)
오토메이이티드 텔러 머신(AUTOMATED TELLER MACHINE) : 현금 자동 입출금 기계(줄인 말 ATM으로 통용)
오픈 프라이메리(OPEN PRIMARY) : 공개 예비선거
올드 프렉티스(OLD PRACTICE) : 오랜 관행
와이어레스 인터넷(WIRELESS INTERNET) : 무선 인터넷
워런트(WARRANT) : 수색, 체포를 허락하는 영장
워런티(WARRANTY) : 품질 보증서
워싱톤 페더널 시티(WASHINGTON FEDERAL CITY) : 미국 수도(WASHINGTON D.C로 통용)
워크아웃(WORK-OUT) : 기업 개선절차
워크샵(WORKSHOP) : 연수회(원어민 발음은 웍샵)
웹사이트(WEB SITE) : 단체, 개인이 정보를 올릴 수 있는 홈페이지
위너(WINNER) : 우승자
윈드시어(WIND SHEAR) : 바람의 세기, 방향이 급격히 변하는 현상
유니온(UNION) : 노조
유니온 제크(UNION JACK) : 영국 국기
이노베이션(INNOVATION) : 혁신(원어민 발음은 이너베이션)
이니셔티브(INITIATIVE) : 목적 달성을 위한 결단성
이-티켓(E-TICKET) : 전자 표
인벤토리(INVENTORY) : 물품목록, 재고
인벤토리 콘트롤(INVENTORY CONTROL) : 재고관리
인슈어런스(INSURANCE) : 보험
인터네셔날 머니터리 펀드(INTERNATIONAL MONETARY FUND) : 국제통화기금(줄인 말 I.M.F로 통용)
인테리어(INTERIOR) : 실내(원어민 발음은 인테리얼)
인테리젼스 쿠워션스(INTELLIGENCE QUOTIENT) : 지능지수(줄인 말 I.Q로 통용)
인퍼메션 데스크(INFORMARION DESK) : 안내소
인프러-스트럭처(INFRASTRUCTURE) : 사회공공 기반시설(줄인 말 INFRA

로 통용)

잉그리시 에즈 어 세컨드 랭귀지(ENGLISH AS A SECOND LANGUAGE) : 제2언어로서 영어(줄임말 ESL로 통용)

[ㅈ]

잭팟(JACKPOT) : 슬롯머신에서 가장 큰 시상금

저널리스트(JOURNALIST) : 신문, 방송 기자

저니(JOURNEY) : 여행

저니 에이젠시(JOURNEY AGENCY) : 여행사

제너랄 아웃포스트(GENERAL OUTPOST) : 일반 전초(줄인 말 GOP로 통용)

조인트 벤처(JOINT VENTURE) : 합작투자

조인트 시큐리티 에리아(JOINT SECURITY AREA) : 공동 경비구역(줄인 말 J.S.A로 통용)

지저스(JEJUS) : 예수님

진(JEAN) : 일반적으로 바지를 의미

찌라시(CHIRASHI) : 전단지(일본말임)

[ㅊ]

챌린지(CHALLENGE) : 도전(원어민 발음은 체런지)

체널(CHANNEL) : 주파수대

체러티 콘서트(CHARITY CONCERT) : 자선 음악회

체크아웃(CHECK-OUT) : 퇴실 수속

체크인(CHECK-IN) : 입실 수속

[ㅋ]

카리스마(CHARISMA) : 사람들을 휘어잡는 매력(원어민 발음은 커리즈마)

카사노바(CASANOVA) : 호색가(원어민 발음은 케서노바)

카운터(COUNTER) : 계산대

카페(CAFÉ) : 음료수와 간단한 음식을 파는 곳(원어민 발음은 케페이)

카펫(CARPET) : 양탄자

칵테일(COCKTAIL) : 위스키, 진 따위의 독한 양주를 섞은 후 과즙 따위와 얼음을 함께 혼합한 술

캐쉬백(CASHBACK) : 손님에게 되돌려 주는 돈
커낼(CANAL) : 운하, 수로
커리큐럼(CURRICULUM) : 교육 과정
커미션(COMMISSION) : 수수료(원어민 발음은 코미션)
컨벤션(CONVENTION) : 관습, 관례, 회의
컨벤션센터(CONVENTION CENTER) : 대회장(원어민 발음은 컨벤숀 쎈타)
컨셉트(CONCEPT) : 개념(원어민 발음은 콘셉트)
컨소시엄(CONSORTIUM) : 특정사업수행 목적의 협력단(원어민 발음은 콘소디엄)
컨텐츠(CONTENT) : 내용(원어민 발음은 콘텐트)
컴플렉스(COMPLEX) : 복잡한, 열등감(원어민 발음은 콤프렉스)
케리커처(CARICATURE) : 얼굴의 특징을 우스꽝스럽게 그린 그림
케어(CARE) : 보살핌
케파시티(CAPACITY) : 용량(캐퍼로 통용)
켐페인(CAMPAIGN) : 사회, 정치적 목적을 위한 활동
코인(COIN) : 동전
코케인(COCAINE) : 마취제로 쓰이기도 하는 강력한 마약
콘서트(CONCERT) : 연주회
콘티넨탈 브렉퍼스트(CONTINENTAL BREAKFAST) : 유럽식 아침
콜(CALL) : 부르다, 도박에서 진행하겠다는 의사 전달
콜 걸(CALL GIRL) : 전화 호출에 응하여 매춘하는 여자
콜라보레이션(COLLABORATION) : 공동 작업(원어민 발음은 커래버레이션)
콜 레이트(CALL RATE) : 요금제도, 통화율
콜모니(CALL MONEY) : 단기 차익금
콜밴(CALL VAN) : 전화로 호출하여 이용하는 화물운송 승합차
콜택시(CALL TAXI) : 전화로 호출하여 이용하는 택시
콤비네이션(COMBINATION) : 결합, 연합
콤팩 디스크(COMPACT DISK) : 소형 원형 음반(줄인 말 CD로 통용)
쿠진(CUISINE) : 요리
쿨(COOL) : 멋지다, 쌈박하다
퀄리티(QUALITY) : 품질, 자질
크라스메이트(CLASSMATE) : 급우

크레디트(CREDIT) : 신용
크레디트 카드(CREDIT CARD) : 신용카드
클릭(CLICK) : 누르다(원어민 발음은 크릭)
키-스태즈(KEY STATS) : 핵심통계
키워드(KEYWORD) : 주제를 나타내는 "핵심어"

[ㅌ]

탈렌트(TALENT) : 재능 있는 사람, TV 탈랜트(원어민 발음은 테런트)
터닝 포인트(TURNING POINT) : 전환점
터미널(TERMINAL) : (가차, 버스, 비행기 등)승객을 위한 건물
터미네이터(TERMINATOR) : 끝내는 사람
턴오버(TURNOVER) : 총매출액, 총매상고
턴-오버(TURN-OVER) : 넘기다
테마(THEME) : 테마(원어민 발음은 씸)
테스크 퍼스(TASK FORCE) : 어떤 과제를 성취 하기위하여 전문가들로 이루어진 기한이 정해진 임시조직
테스트 오브 잉그리시 에즈 어 퍼린 랭귀지(TEST OF ENGLISH AS A FOREIGN LANGUAGE) : 미국 대학 입학자격을 얻기 위한 영어 능력 평가(줄인 말 토플(TOEFL)로 통용)
테스트 오브 잉그리시 퍼 인터네셔날 커뮤니케이션(TEST OF ENGLISH FOR COMMUNICATION) : 영어가 모국어가 아닌 사람들에 영어 의사소통 능력시험(줄인 말 토익 (TOEIC)으로 통용)
테이크-아웃(TAKE-OUT) : 가지고 가는 음식, 음료
텐션(TENSION) : 긴장
텐트(TENT) : 천막
토크쇼(TALK SHOW) : 토론 프로(원어민 발음은 턱쇼)
트라우마(TRAUMA) : 정신적 외상, 심리적 충격(원어민 발음은 트라마)
트래블(TRAVEL) : 여행
트래블러(TRAVELER) : 여행자
트랜드(TREND) : 동향, 추세
트레쥐디(TRAGEDY) : 비극적인 사건
티브이-어디언스(TV AUDIENCE) : TV 시청자

팁(TIP) : 사례금, 요즘 TV 요리 강좌에서 많이 쓰는 TIP의 뜻은 힌트, 제보

[ㅍ]

파라솔(PARASOL) : 햇빛 가리는 큰 우산(원어민 발음은 패러솔)
판테지아(FANTASIA) : 환상곡(판타지아로 통용)
판토마임(PANTOMIME) : 무언극
팔리쉬(POLICY) : 정책(원어민 발음은 파러시)
팜플렛(PAMPHLET) : 특정 주제에 대한 작은 책자(원어민 발음은 팸프렛)
패널(PANEL) : 방송에 나와 중요 관심사에 대하여 토론하는 사람
패닉(PANIC) : 극심한 공포, 공황
패스포드(PASSPORT) : 여권
패신져(PASSENGER) : 승객
퍼리너(FOREIGNER) : 외국사람
퍼블리씨티(PUBLICITY) : 대중 언론의 관심 또는 주목. 상품 또는 기업에 대한 기사 등을 통해 무료로 광고 효과를 얻는 것
퍼소널 콤퓨터(PERSONAL COMPUTER) : 개인 컴퓨터(줄인 말 PC로 통용)
퍼포먼스(PERFORMANCE) : 공연, 연주회
페러디(PARODY) : 풍자적으로 모방한 글, 음악, 연극
페로다임(PARADIGM) : 어떤 일의 구조, 체계의 전반적인 틀
페머리 튜리(FAMILY TREE) : 족보
페밀리(FAMILY) : 가족(원어민 발음은 페머리)
페스티발(FESTIVAL) : 축제
페이 체널(PAY CHANNEL) : 유료 체널
페트럴(PETROL) : 휘발유
포럼(FORUM) : 토론회(원어민 발음은 퍼럼)
포스(FORCE) : 알 수 없는 강한 힘, 영향력
포스트 익스첸지(POST EXCHANGE) : 군 부대 내 매점(줄인 말 P.X로 통용)
포즈(POSE) : 자세, 제기하다
포지티브(POSITIVE) : 긍정적인
포커 페이스(POKER FACE) : 속마음을 감추고 무표정한 얼굴을 한 사람
포크(FORK) : 음식 먹는 갈퀴
포퓰리즘(POPULISM) : 대중의 견해와 바램을 대변한다고 주장하는 정

치형태(원어민 발음은 파피리즘)

폰 뱅킹(PHONE BANKING) : 전화로 이루어지는 은행거래 시스템

푸쉬업(PUSH-UP) : 업드려 팔 굽혀펴기(원어민 발음은 프시-앞)

퓨처 인베스트먼트(FUTURE INVESTMENT) : 미래 투자

프라브럼(PROBLEM) : 문제

프라시큐션(PROSECUTION) : 검찰

프라이스(PRICE) : 가격

프라이즈(PRIZE) : 상금, 상품

프라자(PLAZA) : 광장

프러그(PLUG) : 소켓에 전선을 연결하는 핀이 달린 전기용품

프런트 싯(FRONT SEAT) : 앞좌석

프레쉬백(FLASH BACK) : 지난 일을 회상

프레스티지(PRESTIGE) : 명망, 고급

프로그래머(PROGRAMMER) : 영화, TV, 컴퓨터의 진행 계획, 차례 등을 작성하는 사람

프로그램(PROGRAM) : 계획표

프로듀셔(PRODUCER) : 생산자, 제작자(줄인 말 PD로 통용)

프로필(PROFILE) : 인물의 약력(원어민 발음은 프로파일)

프리젠테이션(PRESANTATION) : 신제품, 작품 등에 대한 설명

프리퀀시 마드레이션(FREQUENCY MODULATION) : 주파수(줄인 말 FM으로 통용)

플랜(PLAN) : 계획

피드백(FEED BACK) : 개선을 위한 정보나 의견을 주는 것

피처링(FEATURING) : 다른 가수 앨범작업에 참여노래와 연주를 도우는 것

[ㅎ]

허그(HUG) : 포옹하다

헤데이크(HEADACHE) : 두통, 머리가 아픈

헤리티지(HERITAGE) : 국가나 사회의 유산

헤커(HACKER) : 컴퓨터에 무단 침입하여 데이터와 프로그램을 없애거나 망치는 사람

헬퍼(HELPER) : 도와주는 사람

홈 바이어(HOME BUYER) : 주택 구입자

호스테스(HOSTESS) : 접대부, 여성 승무원

호스트(HOST) : 진행자

홈 스테이(HOME STAY) : 유학생 또는 장기 체류자가 현지 일반 가정에서 머무는 곳

홈페이지(HOME PAGE) : 인터넷 접속 시 처음 나타나는 화면

힐링(HEALING) : 몸이나 마음의 치유

CHAPTER 2

자동차

여자들이 제일 싫어하는 남자들의 이야기 중에 하나가 군대생활 이야기라고 합니다.

겨울에 군대 수송부 동료들이 고장난 차를 수리하고 내무반으로 오면 항상 그들의 터진 손을 보곤 했습니다. 그땐 왜 그리도 추웠는지.......

그 시절 구리세린이 최고였습니다. 영어로는 GLYCERINE : 글리써런(피부를 매끄럽게 하는 피부 보호제)인데 구리세린은 일본식 표현이었네요.

5분 대기조가 항상 탔던 쓰리쿼터, 연대장들이 탔던 지프차가 생각나는군요.

그런데 진짜 발음은 어떻게 쓰는 것이 맞을까요?

주제별 단어 모음

거라쥐(GARAGE) : 차고, 주차장
거라쥐 메카닉(GARAGE MECHANIC) : 차량 정비소 겸 주유소 기술자
다쥐(DODGE) : 군대에서 쓰던 쓰리쿼터 트럭
비히클(VEHICLE) : 차
액써던트(ACCIDENT) : 차 사고
지프(JEEP) : 군대에서 연대장급 이상이 타던 지프차(원어민 발음은 찝)
트래픽(TAFFIC) : 교통 정체(원어민 발음은 투라픽)
트랜스포테이션 모터 풀(TRANSPORTATION MOTOR POOL) : 수송부

CHAPTER 3

친인척

형제, 자매, 부모 그리고 할머니, 할아버지까지는 학교에서 배운지 오래되었어도 잊지 않고 있는 영어 단어입니다. 하지만 별로 쓰지 않았던 남자조카, 여자조카나 자식들이 결혼 후 새로 생긴 가족관계에 관한 영어단어는 거의 사용한 적이 없기 때문에 알아두는 것이 좋을 것 같습니다.

요즘 아이들은 일찍부터 원어민 교사의 도움으로 영어공부를 너무나도 잘하고 있으니 초등학교 다니는 아들, 딸 또는 손자, 손녀에게 무시당하지 않으려면 우리도 간단한 영어단어 정도는 외워두는 것이 어떨까요?

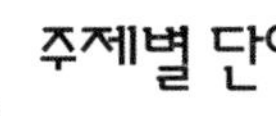

주제별 단어 모음

네프유(NEPHEW) : 남자 조카
니스(NIECE) : 여자 조카
도우터 인 로(DAUGHTER IN LAW) : 며느리
도우터 인 로스 마더(DAUGHTER IN LAW'S MOTHER) : 며느리의 어머니(안사돈)
도우터 인 로스 파더(DAUGHTER IN LAW'S FATHER) : 며느리의 아버지
마더 인 로(MOTHER IN LAW) : 장모/시어머니
썬 인 로스 마더(SON IN LAW'S MOTHER) : 사위의 어머니(안사돈)
썬 인 로스 파더(SON IN LAW'S FATHER) : 사위의 아버지
썬 인 로(SON IN LAW) : 사위
엉클(UNCLE) : 삼촌, 외삼촌, 고모부, 이모부

엔트(AUNT) : 이모, 고모, 숙모
파더 인 로(FATHER IN LAW) : 장인/시아버지
페어런트 인 로(PARENT IN LAW) : 시부모/처부모

CHAPTER 4
온도 및 날씨

여행자유화 이후 해외여행을 다녀오신 분들이 많을 것으로 생각합니다.

국적기에서는 도착 전에 현지 기온을 섭씨(CENTIGRADE)로 알려주는데, 국적기가 아닌 항공사에서는 화씨(FAHRENHEIT)로 현지 기온을 말해주는 경우가 많습니다.

우선 섭씨로 30℃는 화씨 86°F 정도로 보시면 됩니다. 아래에 환산법을 제시하였는데 그리 중요하지 않으니 참고만 하시기 바랍니다.

우리가 일기예보에서 많이 접하는 안개(FOG), 스모그(SMOG), 번개(LIGHTNING) 그리고 천둥(THUNDER)과 같은 단어는 알아놓아야 여행할 때 도움이 되리라 생각합니다.

미국에서는 일기예보에서 소나기를 샤워(SHOWER)라고 표현합니다. 우리는 비하면 레인(RAIN)밖에 생각이 나지 않기 때문에 처음엔 이해가 않더군요.

주제별 단어 모음

드리질링(DRIZZLING) : 이슬비
라이닝(LIGHTNING) : 번개
레인드랍(RAINDROP) : 빗방울
스노프레이크(SNOWFLAKES) : 함박눈
스리트 이즈 펄링(SLEET IS FALLING) : 진눈개비가 내리다

스모그(SMOG) : 대기 중에 오염물질이 안개모양으로 기체화된 것
스토미 웨더(STORMY WEATHER) : 폭풍우, 눈보라 치는 날씨
써든 샤워(SUDDEN SHOWER) : 소나기
써머미터(THERMOMETER) : 온도계
- 섭씨(℃) = (화씨 -3 2) × 5/9
- 화씨(℉) = (섭씨 × 9/5)+ 32

썬더(THUNDER) : 천둥
쎈티그레이트(CENTIGRADE) : 섭씨온도
잇즈 드리즐링(IT'S DRIZZLING) : 이슬비가 내리고 있다
잇즈 윈디 투데이(IT'S WINDY TODAY) : 오늘은 바람이 세다
콘 스노우(CORN SNOW) : 싸래기눈
크라우드 데이(CLOUDY DAY) : 흐린날
타이푼(THPHOON) : 태풍
페런하이트(FAHRENHEIT) : 화씨온도
포그(FOG) : 안개(원어민 발음은 퍼그)
프라스트(FROST) : 서리
허리케인(HURRICANE) : 카리브해에서 발생하는 열대성 태풍, 우리말로 싹쓸이 바람
헤비 레인(HEAVY RAIN) : 호우

CHAPTER 5

채소

약 25년 전 제가 영국에 출장을 갔던 기억을 떠올려 봅니다. 한 피자가게에 들러 피자를 먹는데 피클(PICKLE)이 없어 왜 피클이 없냐고 물었더니, 주인이 나를 이상한 눈으로 보면서, 어떤 피클을 원하는지 물었습니다. 속으로 '이놈아! 피클이 피클이지 어떤 종류의 피클이라니......' 하고 생각하면서 영어도 짧아 더 이상 묻지 않고 결국 피클을 먹지 못한 경험이 생각납니다.

우리나라에서에서는 피자를 시키면 자연스럽게 오이를 식초와 소금에 절여 만든 피클이 당연하게 피자와 함께 나옵니다.

그러니 당시 저는 당연히 오이로 만든 것이 피클이라고만 생각할 수밖에 없었습니다.

나중에 안 일이지만 미국에서는 주로 큐컴보(오이)피클을 쓰고요, 영국에서는 어니언(양파)피클을 쓴다고 하더군요.

만약에 저와 같은 상황에 처해지신다면 본인이 원하는 종류의 피클을 사전에 주문하시면 피자를 더욱 맛있게 드실 수 있을 것으로 생각합니다. 또, 미국에서는 우리가 배운 배추를 카베지(CABBAGE) 또는 차이니스 카베지(CHIESE CABBAGE)라고 쓰지 않고 일반적으로 내퍼(NAPA)를 많이 쓴다고 합니다.

주제별 단어 모음

갈릭(GARLIC) : 마늘

내퍼(NAPA) : 배추
레뒤시(RADISH) : 무
렉티스(LETTUCE) : 상추
스프링 어니언(SPRING ONION) : 파
어니언(ONION) : 양파
올게닉(ORGANIC) : 유기농
진저(GINGER) : 생강
칠리(CHILI) : 고추
카베지(CABBAGE) : 배추
케롯(CARROT) : 당근
큐컴버(CUCUMBER) : 오이
피클(PICKLE) : 식초, 소금에 절인 야채
호스 레뒤시(HORSE-RADISH) : 고추냉이

CHAPTER 6

생선 및 해초

일본사람이 우리나라 여행 중에 제일 많이 사는 식품 중 하나가 김(LAVER)이겠지요.

우리나라 사람이나 일본사람이 술 한잔하면서 함께하는 안주로 선호하는 것 중 하나가 생선회입니다.

과거에는 생선회를 스라이스드 러 피쉬(SLICED RAW FISH)라고들 했는데 이제는 세계적인 생선회의 공용어는 사시미(SASHIMI)로 통용되고 있는 것 같습니다.

우리나라 사람이 좋아하는 생선이 주재료인 탕은 일반적으로 생선이름 뒤에 스프(SOUP)를 붙이면 되고, 조림은 하드 보일드(HARD-BOILED)로 표기하면 되니 생선에 관한 단어만 알고 계시다면 쉽게 표현하실 수 있으리라 생각합니다.

예를 들어 조기를 재료로 한 탕과 조림은 이렇게 표현할 수 있겠네요.

조기탕 : YELLOW CROAKER. SOUP

조기 조림 : HARD-BOILED YELLOW CROAKER

미국에 있을 때 중국마트에 갈 기회가 있어 갈치를 샀는데 HAIRTAIL 대신에 벨트피쉬(BELT FISH)로 이름(NAME TAG)을 붙여놓은 것을 보았습니다. 제가 본 교과서나 사전에는 분명 갈치가 HAIRTAIL이라고 표현되고 있었음에도 말입니다.

이렇게 교과서에 나온 영어가 현지 일상생활에 쓸 수 없으면 무슨 소용이겠습니까?

그래서 정확한 영어 표현을 위해 자식들을 유학 보내는 것 같습니다.

주제별 단어 모음

레이버(LAVER) : 김
메크럴 파이크(MACKEREL PIKE) : 꽁치
메크럴(MACKEREL) : 고등어
벨트 피쉬(BELT FISH) : 갈치
살몬(SALMON) : 연어(원어민 발음은 쎄먼)
씨 머스터드(SEA MUSTARD) : 미역
씨어천(SEA URCHIN) : 성게
옐로우 크러컬(YELLOW CROAKER) : 참조기
옐로테일(YELLOW TAIL) : 방어
오이스터(OYSTER) : 굴
카드(COD) : 대구
캇을 피쉬(CUTTLEFISH) : 오징어
크러컬(CROAKER) : 민어
튜나(TUNA) : 참치
포러크 팬케이크(POLLACK PANCAKE) : 동태전
포러크(POLLACK) : 명태
프렛 피시(FLATFISH) : 광어
헤어테일(HAIRTAIL) : 갈치

CHAPTER 7

별(STAR) 이름

학창시절 과학시간에 태양계 행성을 태양에서 가까운 행성으로 외웠던 기억이 납니다. 행성들의 앞 글자를 따서 "수, 금, 지, 화, 목, 토, 천, 해, 명"하고 말이죠. 하지만 요즘 관련 서적을 보면 태양계 행성 중 태양으로 부터의 거리가 가장 먼 명왕성이 빠져 있어 확인해 보았습니다. 명왕성은 1930년 발견되어 태양계의 9번째 행성으로 정의되었다가 2006년 국제천문연맹(IAU : International Astronomical Union)에서 행성의 분류법을 바꾸면서 왜소행성으로 분류되었다고 합니다. 그래서 지금은 우리가 알고 있는 명왕성이 아니라 134340이란 번호를 부여받은 일반 소행성으로 구분된다고 합니다.

주제별 단어 모음

게럭시(GALAXY) : 은하수
넵튼(NEPTUNE) : 해왕성
머스(MARS) : 화성
머큐리(MERCURY) : 수성
미티어(METEOR) : 별똥별
비너스(VENUS) : 금성
세븐스타(SEVEN STAR) : 북두칠성
세턴(SATURN) : 토성
애스터로이드(ASTEROID) : 소행성
오로라(AURORA) : 극광

유런에스(URANUS) : 천왕성
쥬비터(JUPITER) : 목성
카멧(COMET) : 혜성
프루토오(PLUTO) : 명왕성

CHAPTER 8

몸(BODY)의 명칭

몇 년 전에 큰 딸네 집에 갔을 때의 일입니다. 두 아이들을 돌보느라 잠깐의 외출도 어려워 육아에 지친 큰딸에게 엄마, 아빠의 방문은 단순히 오랜만에 만난 반가운 부모가 온 것이 아니라 베이비시터(BABYSITTER)가 방문한 것으로 생각하더군요. 그러더니 기분전환을 위해 내일하러 간다고 하더군요. 저는 "내일(TOMORROW)을 하러 간다니....... 무슨 말이야?" 하고 의아해 했는데, 나중에 알고 보니 내일(TOMORROW)이 아니라 네일(NAIL)이었습니다. 결국 요즘 손톱을 다듬고 꾸미는 서비스를 해주는 네일숍(NAIL SHOP)에 간다는 얘기였네요.

주제별 단어 모음

네이블(NAVEL) : 배꼽
네일(NAIL) : 손톱(원어민 발음은 네얼)
노우스(NOSE) : 코
니(KNEE) : 무릎
더블 아이리드(DOUBLE EYELID) : 쌍꺼풀
딤플(DIMPLE) : 보조개
라인 어브 더 팜(LINE OF THE PALM) : 손금
리스트(WRIST) : 손목
리틀 핑커(LITTLE FINGER) : 새끼손가락
링 핑거(RING FINGER) : 약지
마우스(MOUTH) : 입

머스타스(MUSTACHE) : 코밑 수염
미들 핑거(MIDDLE FINGER) : 중지
바디 헤어(BODY HAIR) : 체모
백 어브 어 핸드(BACK OF A HAND) : 손등
브레스트(BREAST) : 유방
비어드(BEARD) : 턱수염
빅토우(BIG TOE) : 엄지 발가락
소울(SOLE) : 발바닥
숄더(SHOULDER) : 어깨
스터멕크(STOMACH) : 배
시이번(SIDEBURN) : 구레나룻
싸이(THIGH) : 넓적다리
썸(THUMB) : 엄지손가락
아이(EYE) : 눈
아이래쉬(EYELASH) : 속눈썹
아이리드(EYELID) : 눈꺼풀
아이브라우(EYEBROW) : 눈썹
암(ARM) : 팔
앵클(ANKLE) : 발목
엘보(ELBOW) : 팔꿈치
웨이스트(WAIST) : 허리
이어(EAR) : 귀
치크(CHEEK) : 볼, 뺨
치크번(CHEEKBONE) : 광대뼈
친(CHIN) : 턱
케프(CALF) : 종아리
탑 어프더 프트(TOP OF THE FOOT) : 발등
토우(TOE) : 발가락
토우네일(TOENAIL) : 발톱(원어민 발음은 토우네얼)
투스(TOOTH) : 이빨
팜(PALM) : 손바닥
퍼리핑거(FOREFINGER) : 검지

퍼헤드(FOREHEAD) : 이마

푸트(FOOT) : 발

피우플(PUPIL) : 눈동자

피우플 칼라(PUPIL COLOUR) : 눈동자 색깔

헤드(HEAD) : 머리

헤어(HAIR) : 머리털

히프(HIP) : 엉덩이

CHAPTER 9

가정용 공구(HOUSEHOLD TOOLS)

저는 은퇴(RETIREMENT)라는 명분으로 대부분의 일을 정리하고 지금은 제주도에 정착하여 살고 있습니다. 제주도에서의 삶은 자연친화적인 행복한 일상이지만 집이나 정원을 유지하기 위해서는 약간의 수리(REPAIR)가 필요했으며, 처음에는 익숙하지 않았던 가정용 공구를 이제는 자유자재로 다룰 수 있게 되었습니다.

어느 곳을 가서 가정용구를 사더라도 거의 모든 품목이 중국에서 수입하여 판매하기 때문에 표시사항이 영어로 되어 있는 것을 자주 볼 수 있을 것입니다. 또한 가정용품 중에는 순수 우리말로 불리는 품목은 거의 없을 것으로 생각됩니다. 한 가지 예로 어느 집이나 하나 이상은 가지고 계신 "펜치"는 일본말에서 유래된 단어로 영어로는 프라이어즈(PLIERS)로 불리고 있습니다.

주제별 단어 모음

네일(NAIL) : 못

니들 노스 프라이어즈(NEEDLE NOSE PLIERS) : 앞이 가늘고 긴 펜치

니퍼(NIPPER) : 못 뽑는 기구

레이크(RAKE) : 갈퀴

몽키 스패너(MOKEY SPANNER) : 목에 나사를 장치하여 개구부를 자유로이 조절할 수 있는 스패너

볼트 & 너트(BOLT & NUT) : 양쪽 부품을 연결하는 부품

브로워(BLOWER) : 송풍기

샤블(SHOVEL) : 삽

스크루(SCREW) : 나사못
스패너(SPANNER) : 볼트, 너트를 죄거나 푸는 공구
시저스(SCISSORS) : 가위
시클(SICKLE) : 낫
써(SAW) : 톱
어드자스티블 스패너(ADJUSTABLE SPANNER) : 볼트, 너트의 크기에 따라 조정되는 스패너
엑스(AXE) : 도끼
워터 포트(WATER POT) : 물 뿌리게
크로스 스크루드라이버(CROSS SCREWDRIVER) : 십자 드라이버
투이저스(TWEEZERS) : 핀셋
파이프 렌취(PIPE WRENCH) : 원통을 조이고 풀 수 있는 공구
프라이어즈(PLIERS) : 펜치
프레인(PLANE) : 대패
프렛 스크루드라이버(FLAT SCREWDRIVER) : 일자 드라이버
해머(HAMMER) : 망치
핸드 호우(HAND HOE) : 호미
핸드카트(HANDCART) : 손수레

CHAPTER 10

주방용품(KITCHEN UTENSILS)

저희 어린 시절에는 어머님들께서 남자가 주방에 오면 뭐 떨어진다고 우스갯소리를 하셨던 기억이 납니다. 하지만 요즘은 요리 잘하는 남자가 인기라고 하더군요. 얼마 전 클래지콰이라는 그룹의 멤버인 알렉스라는 연예인이 요리를 잘하는 것으로 상당한 인기를 끌었다고 합니다. 우리 나이에는 알렉스처럼 요리를 잘하진 못해도 설거지 정도는 해야 아내에게 구박당하지 않고 행복하게 살 수 있으리라 생각합니다.

주제별 단어 모음

게스 스토브(GAS STOVE) : 가스레인지
나이프 부록(KNIFE BLOCK) : 칼꽂이
냅킨(NAPKIN) : 무릎 위에 펴 놓거나, 손이나 입을 닦는 종이나 천
디쉬 드라이어(DISH DRYER) : 식기 건조기
디쉬워셔(DISH WASHER) : 식기 세척기
디쉬타올(DISH TOWEL) : 행주
버틀 오픈너(BOTTLE OPENER) : 병따개
벤터레이션(VENTILATION) : 환풍기
볼(BOWL) : 사발, 공기
브렌더(BLENDER) : 믹서기
세라믹 포트(CERAMIC POT) : 도자기 냄비
스라이서(SLICER) : 슬라이서, 얇게 써는 기구, 체편
스크라버(SCRUBBER) : 냄비 등을 닦는 솔

스톡 포트(STOCK POT) : 속이 깊은 냄비

스트레이너(STRAINER) : 거르는 체

스패추라(SPATULA) : 주걱

스프 볼(SOUP BOWL) : 국 그릇(원어민 발음은 쓰프 볼)

아이스바켓(ICE BUCKET) : 얼음통

커팅보드(CUTTING BOARD) : 도마

케서롤(CASSEROLE) : 찌게 냄비

케틀(KATTLE) : 주전자

코스터(COASTER) : 컵받침

콕스크루(CORKSCREW) : 코르크 마개 뽑는 기구

키친 나이프(KITCHEN KNIFE) : 식칼

키친 싱크(KITCHEN SINK) : 부엌 개수대

키친(KITCHEN) : 부엌, 주방

테이블 크로스(TABLE CLOTH) : 식탁보

테이블(TABLE) : 식탁

페이퍼 타올(PAPER TOWEL) : 주방용 종이 수건

포트 홀더(POT HOLDER) : 냄비 받침

프라이팬(FRYPAN) : 프라이팬

프레이트(PLATE) : 둥근 모양의 접시

프루트 나이프(FRUIT KNIFE) : 과도

CHAPTER 11

성인병(ADULT DISEASE)

몇 년 전, 노래 잘 부르는 휘성이라는 가수가 인썸니아(INSOMNIA)라는 제목의 노래를 부르는 것을 TV에서 본 적이 있습니다. "Feels like insomnia ah ah~~"라는 후렴구가 귀에 익숙하게 들리더군요. 2002년에는 크리스토퍼 놀란 감독의 인썸니아라는 영화도 있었네요. 저는 인썸니아가 불면증이라는 뜻을 가진 단어라는 것을 알았으나 평소에 잘 쓰이지 않은 의학용어들은 많은 분들이 알기 어려울 것 같습니다.

주제별 단어 모음

걸스톤(GALLSTONE) : 담석
다이어리어(DIARRHOEA) : 설사
다이어비디스(DIABETES) : 당뇨병
디루션(DELUSION) : 망상
디맨셔(DEMENTIA) : 치매
루머트아이드 어스라이트스(RHEUMATOID ARTHRITIS) : 류머티스성 관절염
스트로크(STROKE) : 뇌졸증
어니미어(ANAEMIA) : 빈혈
어리드미아(ARRHYTHMIA) : 부정맥
어스라이티스(ARTHRITIS) : 관절염
에노랙시아(ANOREXIA) : 거식증
엠니지어(AMNESIA) : 건망증
오버 이팅(OVEREATING) : 과식

오버시티(OVERSITY) : 비만
유러네이트(URINATE) : 소변을 보다
인섬니아(INSOMNIA) : 불면증
일레귤러 핫비트(IRREGULAR HEARTBEAT) : 부정맥
컨스티페이션(CONSTIPATION) : 변비
피시즈(FECES) : 대변
하이퍼 라이 피미아(HYPERLIPEMIA) : 고지혈
하이퍼 텐션(HYPERTENSION) : 고혈압

CHAPTER 12

의학용어

요즘에는 다양한 시청자의 입맛에 맞추기 위해 다양한 장르(GENRE)의 드라마가 많이 나옵니다. 그중에 병원을 배경으로 하는 의학드라마도 많은데 1994년에 방영된 종합병원을 필두로 의가형제, 하얀 거탑, 뉴하트, 굿닥터, 메디컬 탑팀, 골든타임 등 많은 의학 관련 드라마가 방영되었습니다. 드라마에서는 현실감을 살리기 위해서 전문 의학용어들이 많이 등장하는데요. 의학용어는 어렵지만 대부분 줄임말로 통용되고 있기에 외우는데 그다지 어려움이 없을 것 같습니다.

해외관광이나 출장이 잦으신 분들은 줄임말 정도는 알아 두시는 것이 좋을 것 같습니다.

주제별 단어 모음

더머타러지(DERMATOLOGY) : 피부과

더머타러지스트(DERMATOLOGIST) : 피부과 전문의

덜 페인(DULL PAIN) : 묵직하고 뻐근한 통증

덴탈 크리닉(DENTAL CLINIC) : 치과

덴티스트(DENTIST) : 치과의사

드락 인탁시케이션(DRUG INTOXICATION) : 약물 중독(줄임말 DI로 통용)

레스퍼레이션 레이트(RESPIRATION RATE) : 호흡수

메그네틱 레저넨스 이미징(MAGNETIC RESONANCE IMAGING) : 자기 공명 단층 촬영법(줄인 말 MRI로 통용)

메디칼 서비스(MEDICAL SERVICE) : 종합 검진

바디 웨이트(BODY WEIGHT) : 체중
바디 템퍼라춰(BODY TEMPERATURE) : 체온
백 페인(BACK PAIN) : 등 통증
부락트 노우스(BLOCKED NOSE) : 코 막힘
비지팅 데이(VISITING DAY) : 면회일
사이키엑트랙(PSYCHIATRIC) : 정신 의학
서저리 디파트먼트(SURGERY DEPARTMENT) : 외과
서젼(SURGEON) : 외과 전문의
소얼 아이(SORE EYES) : 아픈 눈
스토맥크 페인(STOMACH PAIN) : 배 아픔
아프더말러지(OPHTHALMOLOGY) : 안과(줄임말 OPH로 통용)
아프터말러저스트(OPHTHAMOLOGIST) : 안과 전문의
업스테트레스 가이나커리쥐(OBSTETRICSGYNAECOLOGY) : 산부인과(줄임말 OB/GYN 오비 지와이 엔으로 통용)
에머전시 룸(EMERGENCY ROOM) : 응급실
오소패딕 서져리(ORTHOPETIC SURGERY) : 정형외과
오퍼레이팅 룸(OPERATING ROOM) : 수술실(줄임말 OR로 통용)
제네날 서져리(GENERAL SURGERY) : 일반외과
카디얼펄머너리 리사스테이션(CARDIOPULMONARY RESUSCITATION) : 심폐 기능 소생(줄임말 CPR로 통용)
카디오배스큘러 메드슨(CARDIOVASCULAR MEDICINE) : 심장내과(줄임말 CV로 통용)
콤프터라이즈드 터머그라피(COMPUTERIZED TOMOGRAPHY) : 컴퓨터 단층 촬영(줄임말 CT로 통용)
펄스 레이트(PULSE RATE) : 맥박수
페미리 메드슨(FAMILY MEDICINE) : 가정 의학과(줄임말 FM로 통용)
페이션트(PATIENT) : 환자
페이션트스 룸(PATIENT'S ROOM) : 입원실
프디에트레션(PEDIATRICIAN) : 소아과 의사
프라그넌시(PREGNANCY) : 임신
프라스틱 서저리(PLASTIC SURGERY) : 성형외과
프라스틱 서젼(PLASTIC SURGEON) : 성형외과 의사

프로텍터(PROTECTOR) : 보호자

프스 이스 우징 아웃 어브더 운드(PUS IS OOZING OUT OF THE WOUND)
: 상처에서 고름이 흘러 나온다

프스(PUS) : 고름

피디에트레스(PEDIATRICS) : 소아과(줄임말 PED로 통용)

피리어드 페인(PERIOD PAIN) : 생리통

CHAPTER 13

월(MONTH)과 요일(DAY OF WEEK) & 방향(DIRECTION)

주제별 단어 모음

젠유어리(JANUARY) : 1월
페브러리(FEBRUARY) : 2월
마치(MARCH) : 3월
에이프럴(APRIL) : 4월
메이(MAY) : 5월
준(JUNE) : 6월
주라이(JULY) : 7월
어거스트(AUGUST) : 8월
셉텐버(SEPTEMBER) : 9월
억터버(OCTOBER) : 10월
노벰버(NOVEMBER) : 11월
디셈버(DECEMBER) : 12월

먼데이(MONDAY) : 월요일
튜스데이(TUESDAY) : 화요일
윈즈데이(WEDNESDAY) : 수요일
써스데이(THURSDAY) : 목요일
프라이데이(FRIDAY) : 금요일
세러데이(SATURDAY) : 토요일
선데이(SUNDAY) : 일요일

이스트(EAST) : 동쪽
이스턴(EASTERN) : 동쪽에 위치한, 동부
웨스트(WEST) : 서쪽
웨스턴(WESTERN) : 서쪽에 위치한, 서부
싸우스(SOUTH) : 남쪽
싸던(SOUTHERN) : 남쪽에 위치한, 남부
노스(NORTH) : 북쪽
노던(NORTHERN) : 북쪽에 위치한, 북부

CHAPTER 14

탄생석(BIRTHSTONE)과 의미

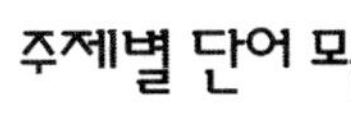

주제별 단어 모음

1월 : JANUARY(진실, 우정)
가네트(GARNET) : 석류석

2월 : FEBRUARY(평화, 성실)
에머서스트(AMETHYST) : 자수정

3월 : MARCH(총명)
아쿠아머린(AQUAMARINE) : 남옥

4월 : APRIL(고귀)
다이아몬드(DIAMOND) : 금강석 보석(원어민 발음은 다이몬드)

5월 : MAY(행복)
에머럴드(EMERALD) : 선녹색 보석

6월 : JUNE(건강, 부귀)
펄(PEARL) : 진주

7월 : JULY(용기, 정의)
루비(RUBY) : 홍옥(보석)

8월 : AUGUST(부부의 화합)
페리도트(PERIDOT) : 투명 감람석

9월 : SEPTEMBER(진리, 불변)
사파이어(SAPPHIRE) : 청옥 보석

10월 : OCTOBER(희망, 순결)
오펄(OPAL) : 단백석

11월 : NOVEMBER(우정)
토파즈(TOPAZ) : 황옥 보석(원어민 발음은 토페스)

12월 : DECEMBER(성공, 승리)
터크와이즈(TURQUOISE) : 터키석

CHAPTER 15
음악(MUSIC)과 악기(MUSICAL INSTRUMENT)

주제별 단어 모음

듀엣(DUET) : 이중창, 이중주
라이트 뮤직(LIGHT MUSIC) : 경음악
맨유스크랩트 페이퍼(MANUSCRIPT PAPER) : 악보
뮤지션(MUSICIAN) : 음악가
베이스 크레프(BASS CLEF) : 낮은음자리표
브라스 인스트루먼트(BRASS INSTRUMENT) : 금관악기
브랭크 뮤직 페이퍼(BLANK MUSIC PAPER) : 악보
스트리트 뮤지션(STREET MUSICIAN) : 거리의 악사
스트링 인스트루먼트(STRING INSTRUMENT) : 현악기
스트링 쿼테드(STRING QUARTET) : 현악 4중주
앙상블(ENSEMBLE) : 소규모 합주단, 전체적인 조화
오케스트라(ORCHESTRA) : 관악기, 현악기, 타악기가 함께 모여 연주하는 형태
우드윈드 인스트루먼트(WOODWIND INSTRUMENT) : 목관악기
체임버 오케스트라(CHAMBER ORCHESTRA) : 실내 관현악단
컨닥터(CONDUCTOR) : 지휘자
콰이어(CHOIR) : 합창단
쿼테드(QUARTED) : 4중주
크라식 뮤직(CLASSIC MUSIC) : 고전파 음악
키보드 인스트루먼트(KEYBOARD INSTRUMENT) : 건반악기
트레블 크레프(TREBLE CLEF) : 높은음자리표

트리오(TRIO) : 삼중주
파퓰러 뮤직(POPULAR MUSIC) : 대중음악(원어민 발음은 파플라 뮤직)
퍼카션 인스트루먼트(PERCUSSION INSTRUMENT) : 타악기(포커션으로 통용)
피아노 트리오(PIANO TRIO) : 피아노, 바이올린, 첼로의 합주

[현악기(STRING INSTRUMENT)]
기타(GUITAR) : 기타
기타리스트(GUITARIST) : 기타 연주자
더블 베이스(DOUBLE BASS) : 콘트라베이스
루트(LUTE) : 연주법이 기타와 비슷한 초기 현악기
맨더린(MANDOLIN) : 만도린
바이오린 이스트(VIOLINIST) : 바이오린 연주자
바이오린(VIOLIN) : 바이올린
바이올라(VIOLA) : 비올라(바이올린 보다 큰 악기)
베이스(BASS) : 최저음, 보통 베이스 기타를 칭함
첼 리스트(CELLIST) : 첼로 연주자
첼로(CELLO) : 첼로
하프(HARP) : 하프
하피스트(HARPIST) : 하프 연주자

[금관악기(BRASS INSTRUMENT)]
리코더(RECORDER) : 플래젤렛(flageolet : 마개 플루트의 일종)과 밀접 한 관련이 있는 마개 플루트(fipple flute : 휘슬 플루트라고도 함) 류의 관악기, 세로로 부는 피리모양의 악기
아이리쉬 휘슬(IRISH WHISTLE) : 호루라기
투바(TUBA) : 튜바, 장중한 저음을 내는 악기
트럼본(TROMBONE) : 트롬본
트럼본 이스트(TROMBONIST) : 트롬본 연주자
트럼펫(TRUMPET) : 금속제의 관으로 된 수선화 모양의 금관악기
트럼펫터(TRUMPETER) : 트럼펫 연주자
혼(HORN) : 보통 호른으로 알려진 밸브식의 금관악기

[목관악기(WOODWIND INSTRUMENT)]

버순(BASSOON) : 바순, 저음용 대형 목관악기

섹서펀 이스트(SAXOPHONEIST) : 색소폰 연주자

섹서펀(SAXOPHONE) : 색소폰

오보우(OBOE) : 오보에

크라리넷 이스트(CLARINETTIST) : 클라리넷 연주자

크래리넷(CLARINET) : 클라리넷

플루트(FLUTE) : 최고 음역의 가로 피리 모양의 악기

[타악기(PERCUSSION INSTRUMENT)]

드러머(DRUMMER) : 드럼 연주자

드럼(DRUM) : 북

머림바(MARIMBA) : 마림바

메러카스(MARACAS) : 양손에 들고 흔들어 소리 내는 간단한 악기

바이브라폰(VIBRAPHONE) : 비브라폰

씸블(CYMBAL) : 심벌즈

카바사(CABASA) : 카바사

카우벨(COW BELL) : 카우벨

콩거(CONGA) : 손으로 연주하는 북

크레이브스(CLAVES) : 클라 베이스

타블라(TABLA) : 손으로 두드리는 작은 북 두개로 이루어진 악기

템버린(TEMBOURINE) : 탬버린

팀파니(TIMPANI) : 팀파니

핸드벨(HANDBELL) : 작은 종 모양의 악기

[건반악기(KEYBOARD INSTRUMENT)]

멜로디언(MELODION) : 소형 건반악기

아코디언(ACCORDION) : 주름상자를 신축시키고 건반을 눌러 연주하는 손풍금

아코디언이스트(ACCORDIONIST) : 아코디언 연주자

올겐이스트(ORGANIST) : 오르간 연주자

올겐(ORGAN) : 풍금, 오르간

자이로폰(XYLOPHONE) : 실로폰
자이로폰 이스트(XYLOPHONEIST) : 실로폰 연주자
피아노(PIANO) : 피아노
피엔이스트(PIANIST) : 피아노 연주자
피아노 리사이틀(PIANO RECITAL) : 피아노 연주회

CHAPTER 16

미술(ART)과 색깔(COLOR)

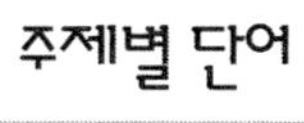

주제별 단어 모음

그레이(GREY) : 회색
그린(GREEN) : 초록색
네이비(NAVY) : 남색
드라이 파스텔(DRY PASTEL) : 색깔 크레용
드로잉 페이퍼(DRAWING PAPER) : 도화지
라임(LIME) : 라임색
레드(RED) : 빨강색
머룬(MAROON) : 밤색
부랙(BLACK) : 블랙, 검정색
부러쉬(BRUSH) : 붓
블루(BLUE) : 파랑색
스캅쳐(SCULPTURE) : 조각
스캅터(SCULPTOR) : 조각가
스케치북(SKETCHBOOK) : 스케치북
실버(SILVER) : 은색
아키텍춰(ARCHITECTURE) : 건축
아키텍트(ARTCHITECT) : 건축가
악쿠와(AQUA) : 남청색
옐로(YELLOW) : 노란색
오일 파스텔(OIL PASTEL) : 유성 파스텔
오일 페인트(OIL PAINT) : 유성물감
올리브(OLIVE) : 올리브색
왁스 크레용(WAX CRAYONS) : 왁스 크레용

워터칼라 케이크(WATERCOLOR CAKES) : 고체형 수성물감
워터칼라 튜브(WATERCOLOR TUBE) : 수성물감
이절(EASEL) : 이젤, 화판 받침대
잉크(INK) : 잉크
차콜(CHARCOAL) : 목탄
칼라드 페이퍼(COLORED PAPER) : 색종이
크래프트(CRAFTS) : 공예
크래프트맨(CRAFTMAN) : 공예가
틸(TEAL) : 청록색
파인 아트(FINE ART) : 미술
팔레트 나이프(PALETTE KNIFE) : 팔레트용 칼
팔레트(PALETTE) : 그림물감을 짜내어 섞기 위한 판
팬 부러쉬(FAN BRUSH) : 부채형 붓
퍼플(PURPLE) : 자주색
페이스트(PASTE) : 풀
페인팅(PAINTING) : 회화
퓨우셔(FUCHSIA) : 자홍색
프레트 부러쉬(FLAT BRUSH) : 평평한 붓
프린트 아티스트(PRINT ARTIST) : 판화가
프린트(PRINT) : 판화
화이트(WHITE) : 흰색(원어민 발음은 와이트)

CHAPTER 17

과일(FRUIT)

무역이 글로벌화 되면서 요즘에는 처음 보는 과일도 참 많아졌습니다. 또한 저의 학창시절에는 굉장히 귀하고 비쌌던 바나나 같은 과일이 지금에는 대중적인 과일이 되어 있습니다. 그 시절 바나나, 키위, 파인애플 등은 과일 바구니로 예쁘게 포장되어 대단히 비싼 가격에 살 수 있었으며, 과일 바구니 안에 몇 개 들어 있지도 않았지요. 바나나를 아껴두다가 색깔이 검게 변해서 못 먹게 된 아픈 기억이 납니다.

주제별 단어 모음

구아바(GUAVA) : 석류의 옛 그리스 이름으로부터 유래된 열대과일
그레이프(GRAPE) : 포도
그레이프루트(GRAPFRUIT) : 자몽
두리언(DURIAN) : 열대과일
드레곤 프루트(DRAGON FRUIT) : 용과, 용의 여의주 모습을 닮은 선인장 열매
레몬(LEMON) : 레몬
리치(LITCHI) : 양귀비가 먹고 예뻐졌다는 유래가 있는 열대과일
맨더린(MANDARIN) : 귤
맹고(MANGO) : 망고
맹고스틴(MANGOSTEEN) : 망고스틴, 납작한 공 모양으로 탁구공보다 조금 큰 열대과일
바나나(BANANA) : 바나나

부루베리(BULEBERRY) : 블루베리

슈거에플(SUGAR APPLE) : 슈가애플, 체리모야와의 교잡종인 아떼모야(ATEMOIA)가 대표적임

스트로베리(STRAWBERRY) : 딸기(원어민 발음은 스토러베리)

시트론(CITRON) : 유자

아보카드(AVOCADO) : 아보카도

에플(APPLE) : 사과

오렌지(ORANGE) : 오렌지

오리엔탈 메론(ORIENTAL MELON) : 참외

워터메론(WATERMELON) : 수박

잭프르트(JACK FRUIT) : 바라밀로 불리는 열대 과일

제팬이스 에프리컷(JAPANESE APRICOT) : 매실

체러모이여(CHERIMOYA) : 체리모야, 슈가애플과의 교잡종인 아떼모야(ATEMOIA)가 대표적임

체리(CHERRY) : 앵두

케롬볼라(CARAMBOLA) : 괭이밥과 열매

코코넛(COCONUT) : 코코넛

키위(KIWI) : 키위

토메이도(TOMATO) : 토마토

파머그레니트(POMEGRANATE) : 석류

파인애플(PINEAPPLE) : 파인애플

파파야(PAPAYA) : 콜럼버스가 '천사의 열매'로 표현한 열대과일

퍼시먼(PERSIMMON) : 감

페어(PEAR) : 배

프럼(PLUM) : 자두

피그(FIG) : 무화과

피치(PEACH) : 복숭아

CHAPTER 18

꽃(FLOWER)과 나무(BLOOMING TREE)

얼마 전 초등학생 손녀가 모닝글로리(MORNING GLORY)가 한국말로 무엇이냐고 저에게 물었습니다. 저의 손녀는 할아버지가 영어 좀 쓴다고 가끔 영어단어를 물어보곤 합니다. 저는 순간 좀 당황하였지만 이내 자신감 있는 목소리로 '아침의 영광'이라고 대답했지요. 초등학생 저희 손녀가 까르르하고 웃네요. "그것도 몰라?" 하는 표정으로 말이죠. 나중에 안 사실이지만 모닝글로리(MORNING GLORY)는 나팔꽃 이었네요. 요즘 초등학생 친구들은 영어 공부를 대단히 많이 하나 봅니다. 이제 초등학생 손녀에게 무시당하지 않으려면 꽃 이름 정도는 영어로 알아놓아야 할 것 같습니다.

주제별 단어 모음

날시서스(NARCISSUS) : 수선화
데이리아(DAHLIA) : 달리아 꽃
덴드라이언(DANDELION) : 민들레
라이락(LILAC) : 라일락
래탠(RATTAN) : 등나무
레드 로즈(RED ROSE) : 빨간 장미
로얄 어젤리아(ROYAL AZALEA) : 철쭉
로즈 오브 세론(ROSE OF SHARON) : 무궁화
로즈머스(ROSE MOSS) : 채송화
로터스 플라워(LOTUS FLOWER) : 연꽃

루고사 로즈(RUGOSA ROSE) : 해당화
리리(LILY) : 백합꽃
메그노리아(MAGNOLIA) : 목련
메이플(MAPLE) : 단풍나무
메이플 리프(MAPLE LEAF) : 단풍잎
모닝그로리(MORNING GLORY) : 나팔꽃
바이어레트(VIOLET) : 제비꽃
벌서민(BALSAMINE) : 봉선화
베이트리(BAY TREE) : 월계수
부건빌리어(BOUGAINVILLEA) : 열대성 덩글 나무꽃
사이프러스(CYPRESS) : 삼나무 일종
산세베리아(SANSEVIERIA) : 산세베리아
선플라워(SUNFLOWER) : 해바라기
스타이렉스(STYRAX) : 때죽나무(일명 SNOWBELL)
시크라멘(CYCLAMEN) : 씨크라멘 꽃
실크트리(SILK TREE) : 자귀나무
애프리코트(APRICOT) : 살구
어젤리아(AZALEA) : 진달래
에스터(ASTER) : 과꽃
엘음(ULM) : 느릅나무
오크(OAK) : 떡갈나무, 상수리나무
와일드 로즈(WILD ROSE) : 찔레꽃
저레니엄(GERANIUM) : 제라늄 꽃
제페니스 시더(JAPANESE CEDER) : 삼나무
제페니스 애프리코트(JAPANESE APRICOT) : 매화
주니퍼(JUNIPER) : 향나무
체리 트리(CHERRY TREE) : 벚나무
커네이션(CARNATION) : 카네이션 꽃
커리스터먼(CALLISTEMON) : 병솔나무(일명 RED BOTTLEBRUSH FLOWER)
커미리어(CAMELIA) : 동백나무
케란쥬러(CALENDULA) : 금잔화
코스모스(COSMOS) : 코스모스 꽃

콘유 프르트(CORNUSFRUIT) : 산수유
콘유쿠사(CORNUS KOUSA) : 산딸 나무
크레이프마틀(CRAPE MYRTLE) : 백일홍
크리세서멈(CHRYSANTHEMUM) : 국화
트롬팩 크리퍼(TRUMPET CREEPER) : 능소화
파인(PINE) : 소나무
파인나트(PINE NUT) : 잣
팔레놉시스 스피시스(PHALAENOPSIS–SPECIES) : 호접란 종류
퍼사이시아(FORSYTHIA) : 개나리
포인세티아(POINSETTIA) : 포인세티아
피어니(PEONY) : 작약 꽃
피우샤(FUCHSIA) : 후크시아 꽃
하이드레인져(HYDRANGEA) : 수국
하이어신스(HYACINTH) : 히야신스 꽃
할리하크(HOLLYHOCK) : 접시꽃

CHAPTER 19

동물(ANIMAL)과 곤충(INSECT)

어릴 때 제일 먼저 접하게 되는 단어 중 하나가 동물 이름일 것입니다. 도그(DOG), 캣(CAT), 타이거(TIGER), 라이언(LION) 등은 요즘 4~5살 꼬마 아이들도 다 아는 영어단어입니다. 또한 뮤지컬 캐츠, 어릴 적 보았던 만화영화 타이거 마스크, 허리우드 애니메이션 라이언 킹까지 동물 이름 정도는 영어로 직접 표현하는 경우가 많아 졌습니다.

주제별 단어 모음

고튜(GOAT) :염소
그래사퍼(GRASSHOPPER) : 메뚜기
도그(DOG) : 개(원어민 발음은 덕)
드레곤 플라이(DRAGONFLY) : 잠자리(원어민 발음은 드레곤 푸라이)
디어(DEER) : 사슴
라이나서레스(RHINOCEROS) : 코뿔소
라이언(LION) : 사자
레드 드레곤 푸라이(RED DRAGONFLY) : 고추잠자리
레빗(RABBIT) : 토끼
레이디버그(LADYBUG) : 무당벌레
레인 디어(REINDEER) : 순록
레쿤(RACOONS) : 미국 너구리
레퍼드(LEOPARD) : 표범
로 디어(ROE DEER) : 노루
롱해디드 그래사퍼(LONGHEADED GRASSHOPPER) : 방아깨비

마스(MOTH) : 나방
마스크 디어(MUSK DEER) : 사향 노루
마우스(MOUSE) : 쥐
마운튼 코트(MOUNTAIN GOAT) : 산양
맨티스(MANTIS) : 사마귀
머스키토(MOSQUITO) : 모기
모을(MOLE) : 두더지
몽키(MONKEY) : 원숭이
버터프라이(BUTTERFLY) : 나비
베어(BEAR) : 곰
베져(BADGER) : 오소리
비(BEE) : 벌
비틀(BEETLE) : 딱정벌레
스왈러 테일(SWALLOWTAIL) : 호랑나비
스퀄러(SQUIRREL) : 다람쥐
씨케이더(CICADA) : 매미
씨프(SHEEP) : 양
어터(OTTER) : 수달
위즐(WEASEL) : 족제비
인섹트 코렉션(INSECT COLLECTION) : 곤충 채집
인섹트(INSECT) : 곤충
지라프(GIRAFFE) : 기린(원어민 발음은 저라프)
지브라(ZEBRA) : 얼룩말
체이퍼(CHAFER) : 풍뎅이
카멜(CAMEL) : 낙타(원어민 발음은 케멀)
카우(COW) : 암소, 젖소
캥거루(KANGAROO) : 캥거루
케이티디드(KATYDID) : 여치
켓(CAT) : 고양이
크로크다일(CROCODILE) : 악어
크리키트(CRICKET) : 귀뚜라미
타이거(TIGER) : 호랑이

터틀(TURTLE) : 거북이
폭스(FOX) : 여우(원어민 발음은 팍스)
프라이(FLY) : 파리
피그(PIG) : 돼지
하니비(HONEYBEE) : 꿀벌
하니콤(HONEYCOMB) : 꿀벌집
허니트(HORNET) : 말벌
헤지허그(HEDGEHOG) : 고슴도치
호스(HORSE) : 말
히포(HIPPO) : 하마(원어민 발음은 히포우)

CHAPTER 20
증권 & 채권

저는 증권 & 채권분야에서는 전혀 경험이 없었고, 관심도 없었지만, 단어 편집을 하면서 나름의 공부를 하게 되었고 약간이나마 관련 지식을 얻은 것이 집필 작업의 소득으로 볼 수 있습니다. 또한 이번 기회에 매일 TV에서 증시 시황을 방송 할 때 듣던 나스닥과 코스닥에 대하여 확실히 이해하는 계기가 되었습니다.

많은 투자자들은 주식 또는 채권 투자를 통하여 얻은 것 보다 잃은 것이 많다는 사실을 여러 경로를 통하여 들은 경험은 있습니다. 투자한 증권을 파는 시점은 투자자 생각을 기준으로 100%까지 오른 시점이 아니고 약 80% 왔을 때, 즉 머리에서 팔지 말고 어깨에서 팔아야 된다고들 하지만 인간의 욕심은 끝이 없고 신이 아닌 이상 미래를 정확하게 예측할 수 없기에 그리 쉬운 일은 아닐 것이라 생각합니다.

매스컴이나 전문가들이 주식시장의 시황이 좋지 않아 실패한 많은 개미 투자자들에게 충고하기 위해 많이 쓰이는 말이 있습니다. "에브리 힐 해즈 잇즈 벨리(EVERY HILL HAS ITS VALLEY)" 이것을 직역하면 "모든 언덕에는 골짜기가 있다"입니다. 이에 담겨진 진정한 의미는 "산이 높으면 골이 깊다"라는 뜻입니다. 여러분도 주식투자를 하신다면 이 말의 의미를 깊이 새기기를 바랍니다.

골던 크로스(GOLDEN CROSS) : 장단기 이동평균선의 상호관계를 응용하여 개발한 주가예측 기법
나스닥(NATIONAL ASSOCIATION OF SECURITIES DEALER AUTOMATED QUOTATIONS) : 미국딜러협회가 장외 가래를 위해 만든 시장 및 거래 정보 시스템(원어민 발음은 내스닥)
달라 디노머네이티드 번드(DOLLAR DINOMINATED BOND) : 달라 표시 채권
데드 크로스(DEAD CROSS) : 단기선이 장기선을 아래로 치고 내려서는 모습을 말함
디비던트(DIVIDEND) : 배당금
롱 데이티드 번드(LONG DATED BOND) : 장기 채권
리더 스탁(LEADER STOCK) : 선도주
리큐디티 오브 파이넨셜 에셋트(LIQUIDITY OF FINANCIAL ASSETS) : 금융자산의 유동성
리큐디티 오브 파이넨셜 오가니제이션(LIQUIDITY OF FINANCIAL ORGANIZATION) : 금융기관의 유동성
머취어리티 벨유(MATURITY VALUE) : 상환가액
방카슈랑스(BANKASURANCE) : 금융기관이 보험회사와 제휴하여 보험상품을 함께 판매하는 금융 서비스
번드홀더(BOUDHOLDER) : 채권 소지자
베어 마켓 랠리(BEAR MARKET RALLY) : 장기 약세장에서 반짝 상승 현상
베어리쉬 마켓(BEARISH MARKET) : 하락 장세
베어리쉬 톤(BEARISH TONE) : 약세 시황
브루쉬 마켓(BULLISH MARKET) : 상향시세
브루쉬 무드(BULLISH MOOD) : 상승 기운
브루쉬 펙타(BULLISH FACTOR) : 강세 자료
브루칩 스탁(BLUE CHIP STOCK) : 고가 우량주
블루칩(BLUE CHIP) : 핵심 우량주
숏 데이티드 번드(SHORT DATED BOND) : 단기 채권
스탁 디비던트(STOCK DIVIDEND) : 주식 배당

스탁옵션(STOCK OPTION) : 주식 인수권
스탁홀더(STOCKHOLDER) : 주주
심 스탁(THEME STOCK) : 주제 주(테마주로 통용)
어드 롯(ODD LOT) : 단주
어드 롯 디퍼렌셜(ODD LOT DIFFERENTIAL) : 단주 차이
옐로칩(YELLOW CHIP) : 우량 기업이지만 상대적으로 낮은 기업들
원 디나모네이트 번드(WON DENOMINATED BOND) : 원화 표시 채권
제네럴 미팅 오브 스타홀더(GENERAL MEETING OF STOCKHOLDER) : 주주 총회
체리 피킹(CHERRY PICKING) : 알짜만 뽑는 것
케피탈 어카운트(CAPITAL ACCOUNT) : 자본금 계정
케피탈 인크리스 위드아웃 콘시더레이션(CAPITAL INCREASE WITHOUT CONSIDERARION) : 무상증자
케피탈(CAPITAL) : 자본금
코스닥(KOREA SECURITIES DEALER AUTOMATED QUOTATIONS) : 한국 증권 협회가 운영하는 시세 정보시스템
콜옵션(CALL OPTION) : 살 권리
콤먼 스탁(COMMON STOCK) : 보통주
콤파운딩(COMPOUNDING) : 복리기준 이자계산 방법
크레딧 크런치(CREDIT CRUNCH) : 신용 경색
파이넨셜 인스트르먼트(FINANCIAL INSTRUMENT) : 금융상품
퍼브릭 론(PUBLIC LOAN) : 공채
페이드 인 케피탈 인크리스(PAID- IN CAPITAL INCREASE) : 유상증자
풋 백 옵션(PUT BACK OPTION) : 금융자산을 약정된 기일이나 가격에 팔 수 있는 권리
풋 옵션(PUT OPTION) : 팔 권리
프라이빗 뱅킹(PRIVATE BANKING) : 은행이 거액 자산가들의 자산을 관리해 주는 고객 서비스
프로팅 레이트 노트(FLOATING RATE NOTE) : 변동 금리부 사채
프리엠티브 라잇(PREE-EMPTIVE RIGHT) : 신주 인수권
프리엠티브(PREE-EMPTIVE) : 선매권이 있는
프리퍼드 스탁 디비던트(PREFERRED STOCK DIVIDEND) : 우선배당

프리퍼드 스탁(PREFERRED STOCK) : 우선주
하이리 리큐드(HIGHLY LIQUID) : 유동성이 높음

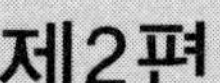

제2편

여행에 필요한 영어

CHAPTER 21

비행기 좌석 및 화장실

비행기 타면 예쁜 승무원들이 분주하게 움직입니다. 옆에 앉은 사람을 보니 맥주, 양주 그리고 포도주를 계속 요구하면서 시원하게 들이키고 계십니다. 창가에 앉았으니 하늘 풍경을 보니 기분도 좋고 이참에 여행경비 본전을 뽑아야겠다는 생각에 쉬지 않고 마시다보니 슬슬 화장실 생각이 날 수밖에 없습니다.

문제는 옆에 탄 사람이 외국인이고 설상가상으로 자고 있네요!

다음번 여행은 어느 좌석이 좋은지 경험하였으니 선택은 본인의 몫입니다.

탑승권 발급 전에 어떤 좌석을 원하는지 표현하고 싶다면 창가좌석 또는 통로좌석에 대한 단어만 기억하고 계시면 됩니다.

또 탑승 후 화장실 앞에서 화장실 안에 누가 있는지 확인해야 되는 경우에 노크(KNOCK)를 해야 하는지, 옆에 외국인은 있는데 어떻게 물어 보아야 하는지 당황스러운 경험도 있으실 겁니다.

아래 단어만 알고 계시다면 비행기에서 걱정할 것이 없을 것 같습니다.

주제별 단어 모음

라바토리(LAVATORY) : 화장실
래드 와인(RED WINE) : 적 포도주
랜딩(LANDING) : 착륙

베이컨트(VACANT) : 비어 있음
보딩카드(BOARDING CARD) : 탑승권
브랑켓(BLANKET) : 담요
비어(BEER) : 맥주
스티워드(STEWARD) : 비행기 남 승무원
스티워디스(STEWARDESS) : 비행기 여 승무원
시트(SEAT) : 좌석
아일 시트(AISLE SEAT) : 통로 좌석
악큐파이드(OCCUPIED) : 사용 중
워터(WATER) : 물
위스키 언더 락(WHISKY ON THE ROCK) : 얼음에 넣은 위스키
윈도 시트(WINDOW SEAT) : 창가 좌석
캡틴(CAPTAIN) : 선장, 기장
커피(COFFEE) : 커피
테이크 오프(TAKE-OFF) : 이륙
티(TEA) : 차
페슨 유어 싯벨트(FASTEN YOUR SEATBELT) : 안전벨트를 매십시오.
페슨(FASTEN) : 채우다, (안전벨트 등을) 매다
필로(PILLOW) : 베개
화이트 와인(WHITE WINE) : 백 포도주

CHAPTER 22
몸 상태

장기 해외 출장이나 긴 여정의 해외여행을 가기 전에 혹시 모를 상황에 대비한 비상약을 준비한 경험이 있으실 겁니다.

저 역시 약을 종류별로 준비하여 출장을 다니곤 했습니다. 그 당시에는 의사의 처방 없이 동네 약국에서 조제가 가능했었는데 요즈음은 전문의약품은 처방전이 있어야 되지요.

해외에서 약을 구입하려고 할 때는 정말 난감한 경우가 많습니다. 약의 이름이나 몸 상태를 설명해야 하는데 평소에 많이 쓰는 단어가 아니라 생각이 잘 나지 않은 경우가 많습니다.

그래서 그러한 경우에 도움이 될 수 있도록 아래에 관련 단어를 소개하였습니다.

아래 단어가 어렵고 많아서 부담스럽다고요?

하늘을 쳐다보아야 달과 별을 보잖아요.

우선 약을 사려면 약국을 가야되는데 약국은 영어로 무엇일까요? 발음하기도 쉽지 않습니다. 파머씨(PHARMACY)라고 합니다. 외국의 대형마트에 가면 한쪽에 파머씨가 있고, 그 앞에 약이 종류별로 진열되어 있습니다. 결국 본인이 직접 약을 찾아야 됩니다.

마음씨 고운 현지 외국인을 눈치껏 찾아 아픈 곳의 단어를 보여주면 해결되리라 생각합니다.

보통 파머씨(PHARMACY)에는 우리말로 약사인 파머씨스트(PHARMACIST)가 있는데 우리나라처럼 의사가 발행한 처방전에 의해 약을 조제하여 주더군요.

제일 중요한 것은 여행 중에 몸이 아프지 않는 것이 최고인 것 같습니다.

주제별 단어 모음

넌 드라우지(NON-DROWSY) : 졸리지 않다
닐리프 이러테이션(RELIEF IRRITATION) : 통증을 완화하다
다이어리어(DIARRHEA) : 설사
도우스(DOSE) : 복용량
드라우지(DROWSY) : 졸리다
런닝 노으즈(RUNNING NOSE) : 콧물이 흐르다
바미트(VOMIT) : 토하다
버프(BURP) : 트림
부루스(BRUISE) : 푸른멍
브랑키얼(BRONCHIAL) : 기관지
백에이크(BACKACHE) : 허리통증
서프러센트(SUPPRESSANT) : 억제제[COUGH SUPPRESSANT(기침 억제제)]
소얼 드로우트(SORE THROAT) : 인후염
스니즈(SNEEZE) : 재체기하다
스니프(SNIFF) : 코를 훌쩍거리다
스토막 에이크(STOMACH-ACHE) : 복통
어니미어(ANAEMIA) : 빈혈
엑스페터런트(EXPECTORANT) : 거담제
엑시마 더머타이타스(ECZEMATOUS DERMATITIS) : 습진성 피부염
엔티 바이오틱(ANTI-BIOTIC) : 항생제
엔티바이오틱 오인먼트(ANTIBIOTIC OINTMENT) : 항생제 연고
엔티셉틱(ANTISEPTIC) : 소독약
엘렉토 카디어그람(ELECTROCADIOGRAM) : 심전도
오인먼트(OINTMENT) : 연고

이러테이션(IRRITATION) : 통증, 염증

커프 서프러센트(COUGH SUPPRESSANT) : 기침 억제제

커프(COUGH) : 기침

컨전트 바이터스(CONJUNCTIVITS) : 결막염

콜드 메드슨(COLD MEDICINE) : 감기약

퀸지(QUINSY) : 편도선염, 후두염

탄슬(TONSIL) : 편도선

파머시(PHARMACY) : 약국

퍼스트 에이드(FIRST AID) : 응급조치

프렘(PHLEGM) : 가래

피버(FEVER) : 열

하트(HEART) : 심장

헤드 에이크(HEADACHE) : 두통

히카핑(HICCUPPING) : 딸꾹질

CHAPTER 23

화장실

지금도 어느 장소에 가면 화장실 앞에 WC라는 팻말이 붙어있습니다.

하지만 외국에서는 WC를 찾아보기 어렵습니다. 우리나라에서만 아직도 볼 수 있네요.

대학시절에 화장실(WC)에 다녀온다는 표현을 워싱턴 대학(WASINTON COLLAGE)간다고 농담 삼아 표현했던 일이 기억에 남습니다. 최근에는 우리나라에서 월드컵 대회를 WC로 표현하기도 하더군요.

실제 WC가 화장실 이라는 것은 아는데, WATER CLOSET라는 것을 알고 계신 분은 그리 많지 않을 것 같습니다. 알고 계셨다고요? 영어 실력이 상당한 수준인가 봅니다.

제가 베트남에 지사를 두고 있었던 시절, 현지 운전기사와 함께 화장실에 들어갔는데 화장지가 없었습니다. 기사를 부르니 이 친구 대답은 없고 일은 급하고 일단 시원하게 일을 볼 수밖에 없었습니다. 화장실에서 저와 같은 경험을 하신 적이 있으신가요? 대단하시네요.

저는 회교국인 뱅글라데시에 지사를 가지고 있었던 경험으로 아주 멋지게 해결했답니다.

이 방법은 수세식 화장실(FLUSH TOILET)에서만 가능합니다.

저와 같이 해결하시기 어려운 분들에게는 꼭 알아야 하는 영어가 있습니다. 화장지(TOILET PAPER)라는 단어와 거기 누구 있어요?(ANYONE THERE?)라는 문장이겠지요.

주제별 단어 모음

라버토리(LAVATORY) : 길거리 공중화장실 또는 비행기의 화장실

레스트룸(RESTROOM) : 여러 사람이 쓰는 공공장소의 화장실

바스룸(BATHROOM) : 화장실을 갖춘 공간으로 가정방문 시 사용(*미국에서는 TOILET을 거의 쓰지 않음)

에니완 데어?(ANYONE THERE?) : 거기 누구 없어요?(*화장실 안에 화장지가 없을 때 누구에게 도움을 청하기 위해 부름)

와러 크라젯(WATER CLOSET) : 거의 쓰지 않으나, 미군시설에서 영향(줄임말 WC로 통용)

워시룸(WASHROOM) : CANADA에서 주로 볼 수 있는 공중화장실

토이렛(TOILET) : 변기 세면대만 있는 공중 화장실, 비행기에도 사용

토이렛 페퍼(TOILET PAPER) : 화장지

프라쉬 토이렛(FLUSH TOILET) : 수세식 화장실

CHAPTER 24

거리 및 도로표시

미국에 사업차 여러 번 다녀온 적은 있지만 그들의 실제 생활을 몸으로 접한 적은 없었습니다.

그 당시에는 현재 미국에서도 거의 없어진 귀국 선물센터가 출장자들의 쇼핑천국이었습니다. 제가 자주 가던 선물센터의 주인장은 재미교포였는데, 귀국자들의 원하는 물건들을 다양하게 준비해 놓았던 기억이 납니다. 귀국하는 사람들은 영어 한마디 하지 않고 원하는 물건을 살 수 있어서 인기가 많았습니다. 요즘말로 누이 좋고 매부 좋은 윈-윈(WIN-WIN)이었습니다.

선물센터를 처음 갈 때 위치를 몰라서 호텔 안내원에게 선물센터의 위치를 물어보았더니 애버뉴(AVENU)로 가서 옆으로 돌아가면 있다고 했는데 반쯤정도 알아듣고 찾아가보니 찾기가 그리 쉽지 않아서 헤매었던 기억이 납니다.

한번은 미국에서 차를 타고 지나가다가 학교 근처 길 위에 'XING'이라는 단어가 쓰여 있었습니다. 학교 다닐 때 영어사전을 친한 친구로 삼지는 않았지만 제가 알고 있는 알파벳 X 로는 시작되는 단어는 오직 크리스마스(X-MAS)뿐이었기 때문에 어떤 뜻을 가진 단어인지 굉장히 궁금했었습니다.

혹시 중국 사람이 미국에 많이 거주하기 때문에 중국말로 표시한 걸까 생각도 했는데, 사전을 찾아보니 학교횡단보도(SCHOOL XING)였네요.

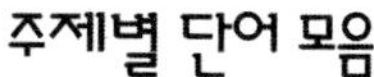

주제별 단어 모음

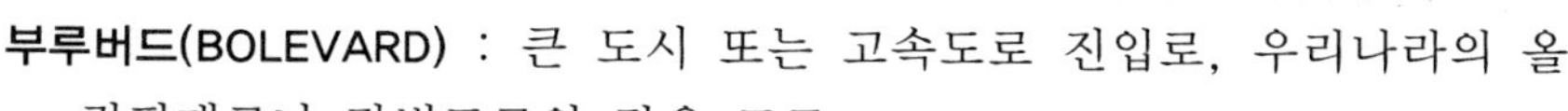

부루버드(BOLEVARD) : 큰 도시 또는 고속도로 진입로, 우리나라의 올림픽대로나 강변도로와 같은 도로

숄더(SHOULDER) : 갓길

스쿨죤(SCHOOL ZONE) : 학생 보호구역

어해드 시그날(AHEAD SIGNAL) : 앞에 신호기 있음

에버뉴(AVENU) : 상가와 붙어 있는 길, 우리나라 종로, 을지로와 같은 길

크로싱(XING) : 횡단보도

패스(PATH) : 사람, 동물들이 다니면서 자연히 만들어진 비포장 길

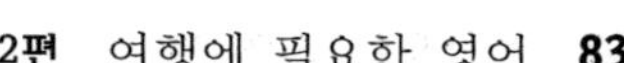

CHAPTER 25

여행(TRAVEL)

해외여행 당시 입국심사를 거쳐 수하물 가방을 찾으려면 빽에지 크레임(BAGGAGE CLAIM)으로 가라고 하는 표시를 본 적이 있습니다.

아는 단어는 크레임뿐이고 앞의 빽에지는 잘 몰라서 어디로 가야하는지 고민하고 있는데, 같이 비행기에서 내린 사람들이 움직이는 방향에 따라 눈치껏 뒤따라가서 짐을 찾은 경험이 있습니다.

여행을 하다보면 여행도착지에 도착하기 전 입국신고서에 여권 발급처를 영어로 써야하고 입국 심사 후 짐을 찾고 통관할 때 꼭 필요한 영어단어들이 있습니다. 이번 장에서는 배울 수 있는 이러한 영어단어들의 뜻과 발음을 참고하여 아무런 문제없이 통관하시기를 바랍니다.

만약 입국심사 또는 세관 검사 시 문제가 발생 했을 경우 현지 이민국 직원 또는 세관직원의 질문이 100% 이해가 되지 않았음에도 불구하고 얼떨결에 잘못 대답하여 문제가 없는 것을 크게 만드시지 마시고 대한민국의 힘을 이용하시는 것이 좋습니다. 어느 공항이나 국내항공 주재원, 현지 교포 또는 한국말을 할 줄 아는 현지 직원이 있을 것입니다.

이것 한번 외워 두세요. 여행 중에 분명히 일어날 수 있는 일을 사전에 방지할 수 있을 겁니다.

주제별 단어 모음

쏘리 써(SORRY, SIR) : 미안합니다.

아이 켄 낫 언더스탠드 왓 이즈 유어 퀘스쳔(I CAN NOT UNDERSTAND WHAT IS YOUR QUESTION) : 선생의 질문에 대하여 잘 이해할 수 없습니다.

켄 유 헬프 미 투 콜 섬바디 후 켄 스피크 코리안 랭귀지?(CAN YOU HELP ME TO CALL SOMEBODY WHO CAN SPEAK KOREAN LANGUAGE?) : 한국말 할 줄 아는 사람을 불러 주시겠습니까?

이민국 직원이나 세관 지원이 이렇게 말할 것입니다.

플리즈 웨이트(PLEASE WAIT) : 기다리세요.

굿스 투 디크레어(GOODS TO DECLARE) : 비면세품 통관신고

난-레저던트(NON-RESIDENTS) : 비거주자

낫싱 투 디크레어(NOTHING TO DECLARE) : 면세품 통관신고

레러티브(RELATIVES) : 친척

레저던트(RESIDENTS) : 거주자

미니스트리 오브 퍼런 어페얼스(MINISTRY OF FOREIGN AFFAIRS) : 외무부

비지네스(BUSINESS) : 사업, 업무

비지타(VISITOR) : 방문객

백에지 크레임(BAGGAGE CLAIM) : 수화물 찾는 곳

사이트싱잉(SIGHTSEEING) : 관광

이미그레이션 오피스(IMMIGRATION OFFICE) : 이민국

커스톰스 크리어런스(CUSTOMS CLEARENCE) : 통관

쿼런틴(QUARANTINE) : 검역

트랜스퍼(TRANSFER) : 환승

제3편

스포츠 속의 영어

CHAPTER 26
골프(GOLF)

아마추어 골퍼들은 이글(EAGLE)부터 트리플 보기(TRIPLE BOGEY)까지는 별 문제없이 캐디(CADDIE)에게 말하는데, 파5홀에서 파(PAR)보다 4타 많은 타수로 홀아웃(HOLE-OUT)한 경우 콰드르펄 보기(QUADRUPLE BOGEY) 대신 에바(EBAR)라고 말하곤 합니다.

하지만 골프용어나 영어사전에는 에바(EBAR)라는 용어는 찾을 수가 없습니다.

얼마 전 재미교표 PGA 나상욱 프로가 입스(YIPS)에 걸려 스로 프레이어(SLOW PLAYER)로 찍혀 구설수에 오른 적이 있습니다.

호주출신 케리웹은 그린에서 퍼팅라인(PUTTING LINE)을 퍼터 샤프트(SHAFT)를 이용하여 라인을 보는 것을 보고 이 방법의 골프용어가 무엇인지 골프에 박식한 분께 물어도 은근히 대답을 회피하더군요.

나중에 안 사실이지만 이 방법은 건축할 때 쓰는 추의 원리를 이용한 프럼보빙(PLUM BOBBING)방법이라고 합니다.

이전 홀에서 가장 좋은 성적을 올린 골퍼가 다음 홀에서 제일 먼저 티샷(TEE SHOT)을 하는데 이 골퍼를 어너(HONOR)라고 합니다. 하지만 많은 아마추어 골퍼들은 오너(OWNER)라고 알고 계신 분들이 많더군요.

주제별 단어 모음

[골프 타수]

ALBATROSS : 알바트로스(파보다 3타수 적음)

EAGLE : 이글(파보다 2타수 적음)

BIRDIE : 버디(파보다 1타수 적음)

PAR : 파(각 홀에 정해진 기준 타수)

BOGEY : 보기(파보다 1타수 오버)

DOUBLE BOGEY : 더블보기(파보다2 타수 오버)

TRIPLE BOGEY : 트리플보기(파보다3 타수 오버)

QUADRUPLE : 콰드르펄(파보다 4타수 오버)

QUINTUPLE : 퀸투플(파보다 5타수 오버)

SEXTUPLE : 섹스투플(파보다 6타수 오버)

SEPTUPLE : 셉투플(파보다 7타수 오버)

OCTUPLE : 억투플(파보다 8타수 오버)

NONUPLE : 난뉴플(파보다 9타수 오버)

DECUPLE : 데큐플(파보다 10타수 오버)

[ㄱ]

갤러리(GALLERY) : 관람객

그린피(GREEN FEE) : 코스 사용료

그립(GRIP) : 양손으로 잡는 클럽 샤프트 윗부분

[ㄴ]

네트 스코어(NET SCORE) : 18홀 본인이 친 타수에서 핸디캡을 뺀 스트로크 수

[ㄷ]

다운힐 라이(DOWNHILL LIE) : 내리막 경사에 볼이 정지해 있는 상태

더프(DUFF) : 뒷땅을 치는 것

덕 레그(DOG LEG) : 개의 뒷다리 모양으로 굽은 코스

드로(DRAW) : 샷한 볼이 왼쪽으로 흐르는 것
디보트(DIVOT) : 샷에 의하여 패어진 곳

[ㄹ]

라이(LIE) : 낙하된 볼의 위치 또는 상태
라이트닝(LIGHTNING) : 번개(원어민 발음은 라잇닝)
라인(LINE) : 방향을 정하기 위하여 목표물을 연결하는 선
러프(ROUGH) : 풀이나 나무 등이 그대로 있는 지대
러닝 어프로치(RUNNING APPROACH) : 로프가 적은 아이언으로 볼을 멀리 구르게 하여 홀 가까이 붙이려는 어프로치 샷의 일종
레이크(RAKE) : 갈퀴
로프트(LOFT) : 클럽 페이스의 각도
리커버리 샷(RECOVERY SHOT) : 만회하기 위한 샷
링크스 코스(LINKS COURSE) : SEA SIDE 골프코스

[ㅁ]

마샬(MARSHAL) : 경기 위원회로부터 임명된 장내 정리인
마커(MAKER) : 스트로크 경기에서 경기자의 스코어를 기록하도록 위원회에서 임명한 사람
매치 플레이(MATCH PLAY) : 홀마다 승패를 결정하는 경기 방식

[ㅂ]

백 스핀(BACK SPIN) : 볼의 역회전
벙커(BUNKER) : 주로 모래를 깔아 놓은 장애물의 일종
벤트 그라스(BENT GRASS) : 퍼팅그린에 쓰이는 서양 잔디의 일종
브라인드 홀(BLIND HOLE) : 샷 지점에서 그린이 보이지 않는 홀
비지터(VISITOR) : 비회원 골퍼

[ㅅ]

생크(SHANK) : 샷 할 때 볼이 클럽 뒷부분에 맞는 실패 샷
샷건(SHOT GUN) : 전 홀에서 동시에 출발하는 경기 방식
서든데스(SUDDEN DEATH) : 연장전

스루더 그린(THROUGH THE GREEN) : 티잉 그라운드, 해저드, 그린을 제외한 코스내의 전지역

스웨이(SWAY) : 스윙 시 몸이 좌우로 흔드는 동작

슬라이스(SLICE) : 샷한 볼이 비구선 우측으로 휘이지는 것

[ㅇ]

아웃 어브 바운스(OUT OF BOUNDS) : 타구한 볼이 흰색 말뚝 경계선을 넘어간 상황(줄임말 OB로 통용)

알바트로스(ALBATROSS) : 파(PAR)보다 3타 적은 타수로 그 홀을 마치는 것을 말함

어드레스(ADDRESS) : 발의 위치를 정하고 클럽 헤드를 지면에 놓아둔 상태

언드레이션(UNDULATION) : 코스 내에 높고 낮은 기복을 말함

언플레이어벌 라이(UNPLAYABLE LIE) : 볼을 치기 불가능한 상태에 있는 볼의 위치

에이스(ACE) : 홀인원

에이지 슈터(AGE SHOOTER) : 나이와 같은 타수나 적게 친 골퍼

에이지 슈트(AGE SHOOT) : 나이와 같은 타수나 적게 친 타수

에지(EDGE) : 그린, 벙커의 가장자리

오너(HONOR) : 전 홀에서 타수를 가장 적게 친 사람이 다음 홀에서 먼저 타구를 하는 사람을 지칭하는 말(원어민 발음은 어너)

올 스퀘어(ALL SQUARE) : 승부가 나지 않은 동점 상황

왜글(WAGGLE) : 백스윙 전에 손목만으로 클럽을 가볍게 흔드는 예비동작

웨지(WEDGE) : 바닥이 넓고 평평하게 되어있는 아이언 클럽이며 피칭웨지 샌드웨지가 있음

익스플로션 샷(EXPLOSION SHOT) : 벙커에서 압력으로 모래와 볼을 함께 쳐내어 탈출시키는 샷

입스(YIPS) : 퍼팅과 샷의 실패에 대한 두려움으로 불안해하는 증세

[ㅊ]

칩샷(CHIP SHOT) : 어프로치샷의 일종으로 짧은 거리에서 핀을 향해 치는 샷

칩인(CHIP IN) : 칩 샷으로 볼이 홀에 들어가는 것

[ㅋ]

캐리(CARRY) : 볼이 공중을 나는 거리

컨시드(CONCEDE) : 매치 플레이 때 상대방이 원 퍼트로 홀에 넣을 수 있다고 생각 되는 경우 홀아웃 전에 OK를 주는 것

케주얼 워터(CASUAL WATER) : 코스 내에 우연히 생긴 일시적인 습지

코스 레코드(COURSE RECORD) : 각 코스에서 공식으로 인정하는 최저 타수 기록

콕(COCK) : 손목의 꺾임(코킹으로 통용)

쿼터 스윙(QUARTER SWING) : 백스윙을 풀 스윙의 1/4 정도로 하는 타법

크레임(CLAIM) : 상대골퍼가 반칙을 범한 경우에 하는 항의

[ㅌ]

테이크 어웨이(TAKE AWAY) : 클럽을 뒤로 빼는 동작

트러블 샷(TROUBLE SHOT) : 샷 하기 어려운 장소에서 샷을 하는 것

티 오프(TEE OFF) : 첫 홀에서 처음으로 타구하여 경기를 시작한다는 뜻

[ㅍ]

퍼트(PUTT) : 퍼터(PUTTER)로 볼을 홀에 넣는 동작

퍼팅라인(PUTTING LINE) : 그린 위에서 볼과 홀 사이의 선

페이드(FADE) : 볼이 떨어지기 전에 오른쪽으로 흘러가는 것

프럼보빙(PLUMB BOBBING) : 그린에서 퍼터 샤프트를 수직으로 사용하여 퍼팅라인을 보는 것

프로비전날(PROVISIONAL) : 잠정구

플레이 오프(PLAY OFF) : 재경기 또는 연장전

피치 샷(PITCH SHOT) : 볼에 백스핀을 가해 낙하 후 구르지 않게 하는 어프로치 샷의 일종

피치 앤 런(PITCH AND RUN) : 볼이 낙하 후 구르도록 치는 어프로치 샷의 일종

[ㅎ]

해드 업(HEAD UP) : 샷 순간 머리가 올라가는 것을 말함

해저드(HAZARD) : 벙커, 연못, 개울 등의 장애물

핸디캡(HANDICAP) : 골퍼의 능력, 기량을 코스의 기준 타수와의 차이

CHAPTER 27

축구(FOOTBALL)

우리는 학교에서 축구는 영어로 풋볼(FOOTBALL)이라고만 배웠습니다. 하지만 미국에서는 풋볼은 미식축구로 통하구요. 우리가 좋아하는 축구는 싸커(SOCCER)라고 합니다.

저는 축구하면 학창시절 축구부가 있는 학교를 다니면서, 결승에 올라가는 날이면 방과 후에 응원연습을 했던 추억이 떠오릅니다. 그 당시에는 모든 구기종목의 메카(MECCA)는 추억 속에서나 기억되는 동대문운동장 이었는데 지금은 동대문 디자인플라자로 멋있게 바뀌어 있더군요.

예전이나 지금이나 축구경기의 빅메치(BIG MATCH)는 역시 한일전 축구경기일 것이며, 우리가 축구이야기를 하면서 빼놓을 수 없는 것은 2002년 월드컵(WORLD CUP)의 4강 신화일 것입니다.

제가 방글라데시에 있을 때 충격적인 경험을 한 축구경기가 새삼 떠오릅니다. 당시에 한국의 어느 대학팀이 방글라데시가 주체하는 국제경기에 참가하여 결승에 나가게 되었습니다. 한인회가 가만히 있을 리가 없었지요. 응원단을 조직하고 버스를 대절하여 경기장 도착하였고 꽹과리와 북을 치면서 무섭게 응원을 했습니다. 결승전 상대가 방글라데시 국가 대표팀이었는데, 그만 우리나라 대학팀이 방글라데시 대표팀을 이기고 우승을 하고야 말았습니다. 문제는 그 때부터였습니다. 경기가 끝난 순간부터 분위기는 이상하게 돌아가더니 응원 온 방글라데시 응원단이 우리 응원단을 에워싸고 계속 협박을 가하게 되었습니다. 일단 그 나라

경찰이 우리 대학팀을 에스코트(ESCORT)하여 보낸 후, 우리 응원단을 우리가 타고 온 버스까지 안전하게 데려다 주었습니다.

버스가 출발함과 동시에 쨍그랑 쨍그랑하면서 버스 유리창이 깨지는 소리와 동시에 응원단의 몇 분이 다치고 우리 모두는 방글라데시 응원단이 던지는 돌과 오물을 피하기 위하여 의자 밑으로 몸을 숨기기 바빴습니다.

제3국에서 우리나라 팀이 우승하는 것이 꼭 좋은 것만도 아닌 것 같았습니다.

또한 축구하면 베트남의 응원문화가 떠오릅니다. 베트남에서는 날씨가 더워서 인지 주로 야간경기를 하는데, 경기가 끝나면 셀 수 없을 정도로 많은 모터사이클(MOTERCYCLE)부대가 운동장 주위를 돌면서 '빵빵' 하고 경적을 울리며 서로 자축을 하는 풍경들은 아직도 잊을 수가 없습니다.

주제별 단어 모음

[ㄱ]

골게터(GOAL GETTER) : 득점을 얻는 사람
골라인 테크널러지(GOAL-LINE TECHNOLOGY) : 골라인 판독기
골키퍼(GOAL KEEPER) : 골문을 지키는 선수
골키핑(GOAL KEEPING) : 골키퍼의 수비기술
골포스트(GOAL POST) : 골라인위에 골문을 만들기 위한 수직으로 세워진 두 개의 기둥
그라운더 패스(GROUNDER PASS) : 땅볼 패스

[ㄴ]

노 마크 슛(NO MARK SHOOT) : 상대팀의 방해를 받지 않고 하는 슛
니킥(KNEE KICK) : 공을 무릎으로 받아 넘기는 킥

[ㄷ]

다이렉트 킥(DIRECT KICK) : 선수에게 오는 공을 정지시키지 않고 바로 차는 킥

다이렉트 패스(DIRECT PASS) : 공을 자기 팀 선수에게 정지 없이 연결하는 것

다이렉트 프리킥(DIRECT FREE KICK) : 상대 골문을 향하여 직접 차는 슛

드리블(DRIBBLE) : 발을 이용하여 공을 컨트롤하는 공격기술(원어민 발음은 드레블)

디펜더(DEFENDER) : 수비하는 선수

[ㄹ]

라인스 맨(LINES MEN) : 양쪽 터치라인에 배치된 선심

런닝 디펜스(RUNNING DEPENCE) : 수비수가 공격수와 함께 뛰면서 수비하는 방법

레퍼리(REFEREE) : 주심

로빙볼(LOBBING BALL) : 공격할 때 상대 진영 골문을 향하여 띄우는 공

로스 타임(LOSS TIME) : 경기 중 사고, 부상 등으로 인하여 허비된 시간, INJURY TIME(인저리 타임)과 같은 뜻

리턴 패스(RETURN PASS) : 받은 공을 다시 공을 준 사람에게 되돌려주는 패스

[ㅁ]

마크(MARK) : 상대선수에 접근하여 플레이를 못 하게 하는 행위

맨 투 맨(MAN TO MAN) : 공격수 한사람을 수비수 한사람이 전담하는 수비 전술

미드필드(MIDDLE FIELD) : 경기장 중앙지점(원어민 발음은 미들필드)

[ㅂ]

바운드 볼(BOUND BALL) : 땅에 떨어졌다 튀어 오르는 공

발리킥(VOLLEY KICK) : 날아오는 공을 땅에 떨어지기 전 골문을 향하여 차는 기술

백 차지(BACK CHARGE) : 상대선수 뒤에서 반칙하는 행위

백 패스(BACK PASS) : 후방의 자기편선수에게 공을 패스하는 행위
볼 키핑(BALL KEEPING) : 공을 자신의 컨트롤 안에 두는 것

[ㅅ]

사이드 킥(SIDE KICK) : 공을 발의 측면으로 차는 방법
서든데스(SUDDEN DEATH) : 연장전 중 어느 한 팀이 골을 넣으면 경기를 끝내는 방식
센터 포워드(CENTER FORWARD) : 공격의 핵심이 되는 경기자
센터링(CENTERING) : 득점하기 위하여 상대 골문을 향하여 올려주는 패스
숄더 차지(SHOULDER CHARGE) : 어깨로 상대선수의 어깨를 밀어 균형을 잃게 하는 행위
숏패스(SHORT PASS) : 자기편끼리 짧게 주고받는 패스
스라이딩 태클(SLIDING TACKLE) : 상대선수가 공격하여 올 때 공을 빼앗기 위하여 공보다 먼저 미끄러져 들어가 공을 걷어내는 행위
스로 인(THROW IN) : 공이 선수의 몸에 맞고 터치라인 밖으로 나갔을 때 상대팀의 선수가 공이 나간 지점에서 두 손으로 공을 경기장 안으로 던져 넣는 행위
스르 패스(THROUGH PASS) : 상대선수들 사이로 자기 팀 선수에게 연결하는 패스
스위퍼(SWEEPER) : 수비 진영에서 최후방을 지키는 선수

[ㅇ]

어드밴티지 룰(ADVANTAGE RULE) : 상대선수가 반칙을 하였다 할지라도 경기자가 유리하다고 판단되었을 때 그대로 경기를 진행하는 규칙
오버헤드킥(OVER HEAD KICK) : 상반신을 뒤로 젖히면서 머리 너머로 공을 차는 행위
오운 골(OWN GOAL) : 자살골
옵 사이드(OFF SIDE) : 상대방 진영 안에 들어간 선수와 골라인 중간에 수비측 선수가 없거나 한사람밖에 없을 때 공격자는 옵사이드 위치에 있게 되는데, 이때 자기편으로부터 패스를 받아 플레이하면 반칙이 되는 행위

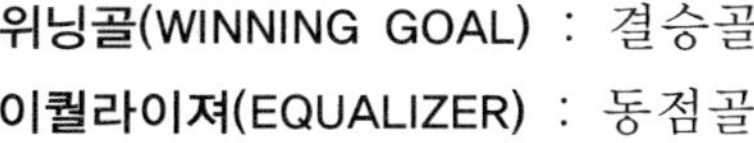

위닝골(WINNING GOAL) : 결승골
이퀄라이져(EQUALIZER) : 동점골
인져리 타임(INJURY TIME) : 연장 시간
인터셉트(INTERCEPT) : 상대팀의 패스를 중간에서 가로채는 행위

[ㅋ]

카운터 어텍(COUNTERATTACK) : 역습
코너킥(CORNER KICK) : 수비선수의 몸에 맞고 공이 골라인 밖으로 나갔을 때 공격팀에 주어지는 프리킥
크로스패스(CROSS PASS) : 공을 좌우로 패스하는 행위
킥오프(KICK OFF) : 전·후반 경기개시, 득점 후 경기재개 시 공을 중앙에 놓고 경기를 시작하는 행위
킥커(KICKER) : 공을 차는 사람

[ㅌ]

타이 불레이킹 골(TIE BREAKING GOAL) : 역전골
타임업(TIME UP) : 시합의 종결
터치 아웃(TOUCH OUT) : 공이 터치라인 밖으로 나가는 것
터치라인(TOUCH LINE) : 경기장 양쪽에 그어진 선
트래핑(TRAPPING) : 몸동작을 응용하여 상대방을 속여 공격을 막는 방법
트리핑(TRIPPING) : 상대를 넘어뜨려 공격을 방해하는 반칙

[ㅍ]

파울(FOUL) : 부정행위나 반칙행위
퍼메이션(FORMATION) : 공격이나 수비에 대한 팀의 특유한 대형이나 움직임
펀칭(PUNCHING) : 골키퍼가 주먹으로 공을 쳐내는 동작
페널티 킥(PENALTY KICK) : 페널티 지정 범주 안에서 수비수가 공격수에 반칙을 하였을 때 골키퍼와 1:1로 직접 공격수가 공을 골문을 향해 차는 행위
페널티 킥 마크(PENALTY KICK MARK) : 골 터치라인에서 11미터 떨어진

지점

페인트(FEINT) : 상대를 속이는 행위

프리킥(FREE KICK) : 상대선수의 반칙으로 그 지점에서 다시 공을 차는 행위

[ㅎ]

핸드링(HANDLING) : 골키퍼 외에는 손을 쓸 수 없으나 다른 선수가 손으로 공을 터치하는 행위

햇 트릭(HAT TRICK) : 한 선수가 한경기에서 3골을 넣는 것을 말함

헤딩(HEADING) : 날아오는 공을 이마로 받아 보내는 행위

힐 패스(HEEL PASS) : 발뒤꿈치로 패스하는 방법

CHAPTER 28

야구(BASEBALL)

1982년 시작된 후 약 30년이 지난 2013년도에 프로야구는 600만 관중을 돌파하는 국민 스포츠로 자리를 잡았습니다.

프로야구 출범 이전에도 야구는 대단히 인기 있는 구기 종목이었습니다.

축구와 마찬가지로 야구의 메카(MECCA)도 역시 동대문야구장이었는데, 야구경기가 있는 날은 동대문 운동장 부근은 정말 대단했습니다.

당시 실업야구팀이 존재하였지만 인기는 고교야구를 넘을 수가 없었지요.

고교야구 중계가 있는 날은 퇴근 후 TV가 있는 다방(지금의 CAFÉ) 또는 막걸리집으로 모여 야구를 즐기는 저녁문화가 유행이었습니다.

그 당시 TV가 지금같이 흔치 않았고 값도 비쌌기 때문에 모든 영업점에 TV가 있는 것은 아니었습니다. 그래서 야구중계가 있는 날에 TV가 없는 다방이나 막걸리집은 개점휴업 상태였던 것이 기억이 납니다.

주제별 단어 모음

그라운드 볼(GROUND BALL) : 땅볼

나이트 게임(NIGHT GAME) : 야간 경기

더블헤더(DOUBLE HEADER) : 같은 팀이 하루 2번 경기하는 것

덕아웃(DUGOUT) : 감독, 선수들이 쉬는 곳
런너(RUNNER) : 주자
레인아웃(RAINOUT) : 우천연기
번트(BUNT) : 공을 짧게 치는 것
보크(BALK) : 부정 투구동작으로 투수 반칙행위
볼펜(BULLPEN) : 출전을 대기하고 있는 선수가 머무는 곳
빈볼(BEANBALL) : 투수가 타자의 머리부위 방향으로 던진 볼
서드 베이스맨(THIRD BASEMAN) : 3루수
서스펜디드 게임(SUSPENDED GAME) : 천재지변으로 경기중단
세컨 베이스맨(SECOND BASEMAN) : 2루수
스러거(SLUGGER) : 거포
스윗스펏(SWEET SPOT) : 방망이의 가장자리
스코어링 포지션(SCORING POSITION) : 득점권
스코어 보드(SCORE BOARD) : 점수 표시판
스퀴즈 플레이(SQUEEZE PLAY) : 주자가 3루에 있을 때 번트를 하여 득점을 올리기 위한 작전
스트라익 아웃(STRIKEOUT) : 삼진
에러(ERROR) : 실수
와일드 피치(WILD PITCH) : 폭투
유니폼 넘버(UNIFORM NUMBER) : 등번호
이닝(INNINGS) : 투수가 던진 회수
인사이드 피칭(INSIDE PITCHING) : 몸쪽 투구
인필더(INFIEIDER) : 내야수
케처(CATCHER) : 포수
태그 아웃(TAG OUT) : 수비수가 공을 들고 있는 손으로 베이스를 밟고 있지 않은 타자의 몸에 대어 아웃시키는 행위
퍼스트 베이스맨(FIRST BASEMAN) : 1루수
퍼팩트 게임(PERFECT GAME) : 선발투수가 9회까지 상대타자를 1루에 내보내지 않는 게임
프라이 볼(FLY BALL) : 뜬공
피처(PITCHER) : 투수
핀치 히터(PINCH HITTER) : 대타

홈런(HOME RUN) : 타자가 친 볼이 담장을 넘는 것

홈플레이트(HOME PLATE) : 야구의 본루

히팅 퍼더 사이클(HITTING FOR THE CYCLE) : 사이클링 히트로 통용

힛엔런(HIT AND RUN) : 주자가 나가있을 때 점수를 내기위하여 치고 달리는 작전

CHAPTER 29

농구(BASKETBALL)

미국의 가장 인기 있는 스포츠 중 하나인 미식축구 선수들이 겨울에 너무 추워서 운동장에서는 연습이 불가능했기 때문에 실내 체육관에서 바구니(BASKET)를 매달고 미식축구를 한 것이 농구의 유래라고 합니다.

춥지 않은 계절엔 야구나 미식축구를 즐기고 겨울에는 실내에서 농구를 경기를 즐기게 된 것입니다.

우리나라도 1997년 프로농구가 창설되고 실내에서 겨울 스포츠로 자리를 잡았습니다.

프로농구가 발족하기 전에는 우리나라 농구의 메카(MECCA)는 돔(DOME)경기장인 장충동 실내 경기장이었지요.

지금은 남자 농구가 여자 농구보다 인기가 있지만, 그 당시는 여자 농구가 남자 농구보다 인기가 많았습니다.

역시 빅 매치(BIG MATCH)는 한일 여자농구 시합이었습니다. 경기 후 관중이 얼마나 많았으면 장충동에서 동대문까지 걸어와서 차를 탄 기억이 납니다.

또한 대학의 맞수 연대, 고대의 농구경기는 오늘날 인기 있는 농구의 초석이 되었다고 보아도 과언이 아닐 거라 생각됩니다.

주제별 단어 모음

가드(GUARD) : 게임의 진행을 이끄는 코트안의 사령탑

더블 드리블(DOUBLE DRIBBLE) : 드리블하던 공을 잡았다가 다시 드리블한 경우의 반칙
더블 파울(DOUBLE FOUL) : 양팀 선수가 동시에 파울을 범하는 것
더블 포스트(DOUBLE POST) : 장신선수 2명이 자유투 선상에서 하는 공격
덩크슛(DUNK SHOOT) : 공을 링 위에서 직접 던져 넣는 슛
드리블(DRIBBLE) : 공을 바닥에 튀기며 코트 내에서 이동하는 것
디펜스(DEFENSE) : 방어
레이업 슛(LAY-UP SHOOT) : 점프 후 링 밑에서 언더핸드로 던지는 슛
로테이션(ROTATION) : 5명의 수비수가 마크하는 공격수를 차례로 바꾸면서 수비가 무너지는 것을 막는 수비 방법
루즈볼(LOOSE BALL) : 어느 팀에도 속해있지 않은 볼
리바운드(REBOUND) : 골인되지 않고 튀어 나온 볼은 잡는 행위
마크(MARK) : 수비수가 자신이 맡은 공격수에 붙어서 수비하는 것
맨투맨 디팬스(MAN TO MAN DEFENCE) : 수비를 1:1로 공격수를 막는 수비방법
바스켓 카운트(BASKET COUNT) : 수비수가 반칙을 하여도 골인되면 골로 인정하고 자유투 하나를 추가로 주어지는 것
바운드 패스(BOUND PASS) : 볼을 튀겨서 주는 패스
백슛(BACK SHOOT) : 백보드에 볼을 맞히고 링에 넣는 슛
백업(BACK UP) : 주전선수가 쉬는 동안 코트에 나와 잠시 역할을 수행하는 후보 선수
백턴(BACK TURN) : 수비수를 등지고 회전하여 속이는 방법
버저 비터(BUZZER BEATER) : 경기종료 버저소리와 동시에 성공된 골
볼 키핑(BALL KEEPING) : 볼을 가지고 있는 동작
슛 블로킹(SHOOT BLOCKING) : 슛하는 선수의 볼을 쳐서 떨어뜨려 슛을 저지하는 동작
스크린(SCREEN) : 상대선수의 진로를 미리 차단하는 동작
오버 헤드 패스(OVER HEAD PASS) : 볼을 양손으로 잡은 후 머리위로 들어올려 패스하는 것
오펜스(OFFENCE) : 공격팀 선수들의 총칭
워킹 바이얼레이션(WALKING VIOLATION) : 볼을 가지고 3보 이상 스텝을 밟는 것

인터셉트(INTERCEPT) : 상대의 패스를 가로채는 동작.

인텐셔널 파울(INTENTIONAL FOUL) : 고의로 신체접촉을 하는 반칙

크로스오버(CROSS OVER) : 볼을 다리사이로 교차하면서 드리블하는 것

테크니컬 파울(TECHNICAL FOUL) : 경기도중 코치나 선수가 스포츠 정신에 어긋나는 행위를 했을 때 주는 반칙

프리 드로(FREE THROW) : 프리 드로 라인에서 누구의 방해도 받지 않고 던지는 숏

피봇패스(PIVOT PASS) : 몸을 돌면서 주는 패스

CHAPTER 30
럭비(RUGBY)

농구가 미식축구로부터 발전 되었듯이, 럭비 또한 축구로부터 파생되었다고 합니다.

영국의 한 학교에서 축구 경기가 득점없이 끝날무렵 한 선수가 상대가 찬 공을 손으로 받아 잡고 골라인으로 달려들었는데 축구에서는 꿈에도 생각지 못한 이러한 반칙행위가 오늘날 럭비로 발전되었다고 합니다.

럭비는 심판이 경기종료를 선언하면 어느 편도 아닌 럭비를 사랑하는 친구로 돌아가 경기에서최선을 다한 서로 서로를 격려 합니다. 이러한 뜻으로 각국의 럭비 경기장에는 샤워장이 한 개만 마련되어 있다고 합니다.

럭비에는 유명한 실화가 있는데, 영국의 유명한 선수 하나가 트라이에 성공했으나 심판은 노 트라이로 판정 하였습니다. 그 선수는 당시에 아무런 항의도 없이 심판 판정에 승복하고 경기를 진행하였습니다. 하지만 훗날 이 선수는 임종 직전 친구에게 그 당시 자기가 트라이한 것이 분명했다는 말을 남기고 눈을 감았다고 합니다.

이처럼 럭비에서는 심판이 절대 권한을 갖고 있고, 선수들의 항의나 심판번복이 용납되지 않기에 30명의 선수들이 신체접촉을 인정하는 유일한 경기이지만, 심판 1명이 경기를 이끌어 가는 유일한 경기라고 할 수 있을 것입니다.

녹온(KNOCK ON) : 선수가 놓친 공이 앞으로 갔을 때, 손이나 팔로 공을쳐 공이 앞으로 갔을 때 그리고 공을 놓친 선수가 공을 잡기 전에 이미 다른 선수나 지면에 닿았을 경우

더미(DUMMY) : 상대를 혼란시키는 동작

드롭골(DROP GOAL) : 경기 중에 공을 차서 골포스트 사이의 크로스바를 넘기는 것(3점)

브레이크(BREAK) : 포워드가 스크럼을 푸는 일

스로 포워드(THROW FORWARD) : 럭비는 공을 뒤로만 패스할 수 있으나, 공을 앞으로 패스 하는 반칙

스크럼 트라이(SCRUM TRY) : 스크럼 속에 공을 커트한 채 상대의 인골에리어(IN GOAL AREA)로 밀어넣어 그라운딩 했을 때의 트라이

옵스트럭션(OBSTRUCTION) : 플레이를 방해하는 행위

캐리백(CARRY BACK) : 공을 자기편의 골로 들고 들어와 데드가 되었을 경우

컨버전 골(CONVERSION BALL) : 트라이 성공 후 추가 킥 기회를 줌, 이때 공을 차서 골포스트 사이의 크로스바를 넘기는 것(2점)

트라이(TRY) : 상대방 인골 에리어(IN GOAL AREA까지 공을 가지고) 들어가 터치다운(TOUCH DOWN)하는 것(5점)

페널티골(PENALTY GOAL) : 상대의 반칙한 지점에서 공을 차서 골포스트 사이의 크로스바를 넘기는 것(3점)

픽업(PICK UP) : 지상의 공을 집어드는 행위

휠링(WHEELING) : 스크럼 속에 공을 둔 채 스크럼을 회전시키면서 드리블 러시하는 공격법

CHAPTER 31

피겨 스케이팅(FIGURE SKATING)

피겨 스케이팅이라는 비인기 종목을 하루아침에 인기 종목으로 바꾸어 버린 우리의 헤로인(HEROINE)은 당연히 김연아 선수일 것입니다. 먼저 우리국민에게 환희와 뿌듯함을 전해준 벤쿠버 여자 씽글(SINGLE)의 금메달(GOLD MEDAL)과 밤잠을 설치게 하고 분노와 아쉬움을 남긴 소치 여자 씽글 은메달(SILVER MADAL) 경기는 대한민국 국민이라면 누구나 기억하고 있을 것입니다.

이러한 영광을 얻기까지에는 얼마나 많은 노력과 어려움이 있었는지는 선수 자신만이 알 수 있으리라 생각합니다.

또한 ISU(INTERNATIONAL SKATING UNION)에서 주최하는 월드 피겨 스케이팅 챔피언십(WORLD FIGURE SKATING CHAMPION-SHIPS)에서 많은 우승이 올림픽(OLYMPIC) 메달의 밑거름이 되었을 것이라 생각합니다.

동대문 실내 스케이트장 및 목동 실내 스케이트장이 있기 전에는 서울근교 미아리, 수유리, 그리고 중량교에 있는 논에 물을 넣어 천연 얼음판에서 아이스하키(ICE HOCKY), 스피드 스케이팅(SPEED SKATING), 피겨(FIGURE)선수들이 함께 모여 연습을 했던 기억이 납니다. 당시에 정규시합은 지금의 제 1 한강교 밑 흑석동 방향에 링크를 만들어야 했었지요.

이러한 열약한 환경에서 시작하여 올림픽 금메달을 획득한 금자탑을 쌓았다는 것이 정말 존경스럽고 박수가 아깝지 않습니다.

주제별 단어 모음

러츠 점프(LUTZ JUMP) : 뒤로 돌아 시계 반대방향으로 공중으로 뛰어올라 회전하는 기술

런지(LUNGE) : 한쪽 다리는 굽히고 반대쪽 다리는 편 자세

레블(LEVEL) : 스핀(SPIN) 이나 스파이널(SPIRAL) 난이도에 따른 점수

레이백 스핀(LAYBACK SPIN) : 허리를 뒤로 젖히고 프리 레그는 뒤로 하여 도는 회전

로커 턴(ROCKER TURN) : 한발로 몸의 방향을 바꾼 후 에지는 유지됨

루프 점프(LOOP JUMP) : 후진 상태에서 뛰어올라 공중에서 회전하고 착지 후 그대로 후진 상태로 연기를 이어가는 기술

립(LIP) : 안쪽 날로 뛰어야 할 플립 점프를 바깥쪽 날로 뛸 때 사용하는 말

스텝(STEP) : 활주 중에 발을 바꾸어 진행 방향을 바꾸는 동작

스파이널(SPIRAL) : 한쪽 발을 들고 나머지 발로 소용돌이를 그리듯이 달리는 활주법

스핀(SPIN) : 몸의 중심선을 축으로 몸 전체를 돌리는 기술

악셀 점프(AXEL JUMP) : 뒤로 돌면서 들어간 후 몸을 틀어 앞을 보면서 뛰어 오른 후 뒤로 돌아서 떨어지는 기술, 다른 점프보다 반 바퀴 더 돌게 됨

언더 로테이션(UNDER ROTATION) : 점프 시 회전이 부족한 것

업라이트 스핀(UPRIGHT SPIN) : 선 자세로 도는 회전

오버 로테이션(OVER ROTATION) : 점프 시 회전이 많은 것

토우 점프(TOE JUMP) : 스케이트 앞쪽 끝으로 빙판을 찍으면서 뛰어 오르는 기술

트리플 악셀(TRIPLE AXEL) : 공중으로 뛰어올라 세 바퀴 반을 회전하는 점프 기술

플립 점프(FLIP JUMP) : 토우로 뛰어 오른 뒤 공중에서 1회전 하는 기술

CHAPTER 32

탁구(TABLE TENNIS)

탁구는 어떻게 시작 되었으며 언제 우리나라에 들어왔는지는 확실치 않으나 탁구의 유래는 아프리카, 인도 등 영국 식민지에서 살던 영국인들이 더위를 피해서 실내에서 테니스(TENNIS)를 할 수 있도록 변형시킨 놀이에서 시작된 것으로 추측하고 있습니다.

국제 탁구 연맹(INTERNATIONAL TABLE TENNIS FEDERATION)은 1926년도에 창설되었고 우리나라에는 한일합방을 전후하여 일본을 통하여 보급되었다는 설과 영국의 선교사들이 종교전파의 수단으로 탁구를 이용했다는 설이 있습니다.

우리나라는 탁구에서 서울 올림픽(1988년), 아테네 올림픽(2004년)에서 금메달(GOLD MEDAL)을 획득 하였으며 한때 올림픽 효자 종목으로 떠오르기도 했습니다.

1970년부터는 남녀노소가 함께 즐기는 운동으로 전국 각지에 많은 탁구장이 운영 되었고 그 당시 명동에도 많은 탁구장이 운영되었던 것으로 보아 당시의 탁구 인기를 짐작할 수 있을 것입니다.

주제별 단어 모음

게임 카운트(GAME COUNT) : 경기가 끝났을 때마다 양팀에 점수를 불러 주는 것

그라운드 스트로크(GROUND STROKE) : 공이 한번 튄 다음 치는 방식

너클볼(KNUCKLE BALL) : 공을 손가락으로 누르거나 공에 흠을 내어 서

브하는 방식

네트 오버(NET OVER) : 라켓 또는 몸의 일부가 네트를 넘는 것을 말함

네트 인(NET IN) : 공이 네트에 맞고 상대방 면에 들어가는 것

네트 터치(NET TOUCH) : 경기 중 선수의 라켓, 옷, 몸의 일부가 네트에 닿는 것

더블 컷(DOUBLE CUT) : 커트된 볼을 다시 커트하여 반구하는 것

듀스(DOUCE) : 승리점수 1점을 남기고 동점일 때를 말함

드라이브(DRIVE) : 전진 회전을 거는 방식

랠리(RALLY) : 서로 받아 넘기는 것

러버(RUBBER) : 라켓에 붙어있는 고무판

레트(LET) : 서브한 공이 네트에 맞고 상대방 코트에 들어갔을 때

로브(LOB) : 높은 드라이브 볼

리시버(RECEIVER) : 서브를 받는 사람

매치 포인트(MATCH POINT) : 승패를 결정하는 마지막 한 점

발리(VOLLEY) : 넘어온 볼을 코트에 떨어지기 전에 바로 맞받아치는 것

백 스핀(BACK SPIN) : 공을 친 사람 쪽으로 되돌아오도록 회전을 주는 것

서비스 리턴(SERVICE RETURN) : 서비스 공을 쳐서 되돌려 보내는 것

스매싱(SMASHING) : 높게 바운드된 볼을 라켓을 바꾸어 잡거나 또는 그대로 강하게 쳐 상대에 넘기는 타법

싱글(SINGLE) : 단식 경기

언더 커트(UNDER CUT) : 공을 아래로 깎아 치는 것

에지볼(EDGE BALL) : 친 공이 탁구대 끝에 터치된 경우

체인지 엔드(CHANGE END) : 코트를 교대하는 것

펜 홀드 그립(PEN HOLDER GRIP) : 펜을 잡는 것과 같이 라켓을 잡는 것

풋 워크(FOOT WORK) : 다리의 움직임

하드 스트로크(HARD STROKE) : 강한 스트로크

하드 커팅(HARD CUTTING) : 강한 커팅

CHAPTER 33

배구(VOLLEYBALL)

배구는 1895년 미국 YMCA의 체육주임이 고안해 세계 각국에 보급되었고 우리나라는 국제 배구연맹 FIVB(FEDERATION INTERNATIONALE DE ASSOCIATION)에 1959년에 가입 되었습니다. 배구 또한 농구와 함께 겨울 인기 스포츠로 자리를 잡았다고 생각 됩니다.

우리나라의 남자 프로배구는 V리그라는 명칭으로 2005년부터 시작되었는데 당시에는 삼성화재, 현대캐피탈, LIG손해보험, 대한항공 등 4개의 프로팀과 아마추어팀인 한국전력과 상무팀을 포함하여 총 6개 팀으로 리그가 진행되었습니다. 현재 우리나라 남자 프로배구는 7개의 팀이 있습니다.

주제별 단어 모음

넷 오버(NET OVER) : 상대편 쪽에 있는 공을 건드렸을 경우

넷 터치(NET TOUCH) : 경기중 신체의 일부가 네트에 접촉하는 것

다이렉트 킬(DIRECT KILL) : 상대방에서 넘어오는 볼을 전위 선수가 점프하여 직접 스파이크 하는 것

듀스(DEUCE) : 승패를 결정하는 마지막 점수 1점을 남겨놓고 양팀이 동점을 이루는 상황

드리블(DRIBBLE) : 한 선수가 2회 연속 볼을 터치하는 것

라인 크로스(LINE CROSS) : 서브, 백어택 시 라인을 밟거나 넘는 행위

랠리(RALLY) : 서브, 리시브 패턴이 반복되는 것

로테이션(LOTATION) : 서브권이 시계방향으로 한 자리씩 이동하는 것

리시브(RECEIVE) : 상대편이 공격한 공을 받아내는 것

백어택(BACK ATTACK) : 후위에 있던 선수가 공격라인 뒤에서 스파이크 하는 것

브로킹(BLOCKING) : 네트 앞에서 점프하여 공격을 차단하는 것

브록 아웃(BLOCK OUT) : 공격한 볼이 상대 블로킹에 맞고 코트 밖에 떨어지는 것

서브 에이스(SERVE ACE) : 서브로 득점 하는 것

스파이크(SPIKE) : 위에서 아래로 내려치는 공격 방법

토스(TOSS) : 볼을 연결하기 위한 행동

페인트(FEINT) : 상대팀의 빈자리에 공을 찔러 넣는 공격

CHAPTER 34
배드민턴(BADMINTON)

배드민턴의 유래는 인도에 주둔했던 영국 장교들이 인도의 봄베이 지방의 민속 경기인 푸나(POONA)를 배워 영국으로 돌아와 체계를 잡았다고 전해지며, 배드민턴이라는 이름은 초창기 배드민턴이 시작된 지명을 따서 경기의 명칭으로 사용했다고 합니다.

지금의 배드민턴 세계연맹(BADMINTON WORLD FEDERATION)은 1934년 국제 배드민턴연맹(INTERNATIONAL BADMINTON FEDERATION)으로 창설되었으나 후에 명칭이 변경되었습니다.

배드민턴은 1988년 서울 올림픽 시범종목을 거쳐 1992년 바르셀로나 올림픽부터 정식종목으로 채택되었으며, 우리나라는 남·여 복식경기에서 금메달(GOLD METAL)과 동메달(BRONZE MEDAL) 그리고 여자 단식에서 은메달(SILVER MEDAL)을 따는 등 국제 무대에서 우리나라의 배드민턴 위상을 높이 떨쳤습니다.

이후 2008년 베이징올림픽 혼합복식에서의 이용대 선수의 윙크 세레모니(CEREMONY)와 함께한 금메달로 배드민턴의 인기는 더욱 커지고 있습니다.

이러한 배드민턴의 성공의 원천은 1965년경부터 서울의 남산, 장충동 등에서 동호회가 활성화되면서 급속히 전국적으로 확산된 3,000여개에 동호회와 약 250만 명 회원의 힘이라 생각합니다.

드라이브(DRIVE) : 셔틀콕이 네트 위를 낮게 수평선을 그리듯이 날아가는 강력한 스트록

드롭(DROP) : 셔틀콕이 네트를 스치듯이 넘어감과 동시에 낙하하는 스트록

드리블(DRIBBLE) : 한 선수가 연속으로 두번 셔틀을 치는 반칙

러브(LOVE) : 점수에서 0점을 의미함

렛(LET) : 서브를 다시 하는 것

매치 포인트(MATCH POINT) : 승패를 결정하는 최후의 1점을 말함

매치(MATCH) : 경기, 시합을 말함

백핸드(BACK HAND) : 오른손잡이 선수가 왼쪽으로 오는 셔틀콕을 칠 때 사용하는 타법

서비스 오버(SERVICE OVER) : 서비스권이 상대편으로 넘어 가는 것

서비스 코트(SERVICE COURT) : 사이드라인, 센터라인, 숏 서비스 라인, 롱 서비스 라인의 4선으로 에워싼 구역

오버 웨스트(OVER WAIST) : 서브할 때 허리보다 높은 위치에서 셔틀콕을 치는 것을 말함

오버 핸드(OVER HAND) : 서브할 때 셔틀콕을 치는 순간 라켓의 헤드가 라켓을 잡은 손보다 높은 위치에 있는 것을 말함

임펙트(IMPACT) : 라켓으로 셔틀콕을 치는 순간

캐리(CARRY) : 셔틀콕의 깃털을 치거나 셔틀콕이 라켓에 엉키는 것을 말함

컷(CUT) : 셔틀콕을 칠 때 자르듯이 치는 타법

크리어(CLEAR) : 셔틀을 높게 멀리 상대방 코트의 깊은 곳으로 날리는 스트록

터치 넷(TOUCH NET) : 신체나 라켓이 네트에 접촉했을 때를 말함

폴트(FAULT) : 규칙 위반, 잘못 서브하여 실패하는 것을 말함

푸시(PUSH) : 셔틀을 전방으로 밀어 내듯이 치는 타법

풋 폴트(FOOT FAULT) : 서비스할 때 서버 또는 리시버의 양쪽발이 바닥에 정지하고 있지 않은 상태

헤어핀(HAIR PIN) : 네트 가까이 떨어지는 셔틀을 상대방 네트 가까이 떨어지도록 치는 타법, 이는 셔틀콕의 궤도가 머리핀 모양과 같다고 하여 이름 붙여짐

CHAPTER 35

복싱(BOXING)

근대 복싱은 18세기 영국에서 시작 되었다고 합니다. 당시에는 지금처럼 글러브를 착용하지 않고 맨손으로 싸웠는데 경기결과 승자는 상금을 받았으며 이것이 프로복서의 전신이라고 할 수 있습니다.

우리의 귀에 익숙한 WBA(WORLD BOXING ASSOCIATION)는 1962년에 개편되었고, 1963년에는 WBC(WORLD BOXING COUNCIL)가 조직 되었으며, 1983년에는 IBF(INTERNATIONAL BOXING FEDERATION)가 창설됨으로서 단체별로 각각의 세계 챔피언을 갖게 되었습니다.

우리나라는 1970년대에서 1980년대까지가 아마추어, 프로를 막론하고 복싱의 전성기였고 가난하고 못살던 젊은 청년들이 맨 주먹 하나로 돈과 권력 그리고 명예까지 얻을 수 있는 길이 복싱이었습니다.

1966년 우리나라 최초의 복싱 챔피언 김기수 선수가 생각이 납니다. 당시에 우리나라 선수가 이탈리아에서 온 세계 미들급 챔피언과의 타이틀전에서 승리하여 한국 초대 세계 챔피언이 되었는데, 경기가 끝난 직후 박정희 대통령이 직접 전화를 하였고, 이러한 상황이 TV를 통해 전국으로 생중계되었던 일만 보아도 당시에 복싱의 인기가 대단했다는 것을 알 수 있습니다.

세계 챔피언 타이틀 중계가 있는 날에는 모두들 일찍 집으로 돌아가 TV앞에서 손에 땀을 쥐며 응원했던 기억이 납니다.

주제별 단어 모음

공(GONG) : 각 라운드의 시작과 끝을 알리는 종소리
그로기(GROGGY) : 상대의 펀치를 맞고 비틀거릴 정도가 된 상태
기브 엔 테이크(GIVE AND TAKE) : 서로 펀치를 교환하는 것
너클 팟(KNUCKLE PART) : 주먹의 4 손가락의 1, 2관절 사이에 생기는 4각 부분
노 디시전(NO DECISION) : 무 판정 경기
노 콘테스트(NO CONTEST) : 무효경기
녹다운(KNOCK DOWN) : 다운된 후 10초 이내에 일어나거나 의식을 회복하여 경기를 할 경우
녹아웃(KNOCK OUT) : 다운된 후 10초 이내에 경기를 재개할 수 없는 상황을 말함
논 타이틀 매치(NON TITLE MATCH) : 챔피언이 타이틀을 걸지 않고 행하는 경기
닥터 스톱(DOCTOR STOP) : 의사 권고에 따라 경기가 중지 되는 것
더밍(THUMBING) : 글러브 엄지손가락으로 상대의 눈을 찌르는 반칙
더블 녹아웃(DOUBLE KNOCKOUT) : 양 선수가 동시에 치고받다 모두 다운되는 것
더블 펀치(DOUBLE PUNCH) : 같은 손으로 연속 상대를 두번 치는 것
더킹(DUCKING) : 상대의 공격을 머리와 허리를 굽혀 피하는 방어 기술
라이트 크로스(RIGHT CROSS) : 상대의 레프트 펀치 위를 가로질러 오른쪽을 공격 하는 것
랭킹(RANKING) : 순위
러시(RUSH) : 맹렬한 공격
럭키 펀치(LUCK PUNCH) : 우연히 큰 효과를 가져 온 펀치
레프리 스톱(REFEREE STOP) : 심판이 선수의 부상으로 경기를 속행할 수 없다고 판단되었을 때 심판 재량으로 경기를 중단하는 것
로프 다운(ROPE DOWN) : 로프에 기대어 공격도 방어도 할 수 없는 상태에서 심판이 다운으로 인정 하는 것
록 어웨이(ROCK AWAY) : 발을 움직이지 않고 상체만을 이용하여 상대

의 가격을 피하는 것

리치(REACH) : 사정거리

리턴 매치(RETURN MATCH) : 복수전

마우스 피스(MOUTH PIECE) : 이를 보호하기 위하여 입속에 넣는 고무로 된 보호구

CHAPTER 36

수영(SWIMMING)

우리나라는 삼면이 바다이기 때문에 옛날부터 물과 접촉할 기회가 많았을 것이고, 특히 생존을 위해 수영이 필연적 이였을 것입니다.

우리는 1952년 국제수영연맹(FEDERATION INTERNATIONALE DE NATATION)에 가입해 국제 사회에 진출하는 계기가 되었고, 1970년 아시안게임에서의 금메달을 시작으로 모든 국민이 간절히 원했던 올림픽에서의 금메달은 2008년 베이징 올림픽에서 박태환 선수에 의해 이루어 졌습니다.

이러한 밑거름은 우리 경제의 급속한 성장과 더불어 생활체육으로서의 수영이 널리 대중화되면서 누구나 쉽게 실내 수영장을 이용할 수 있는 대중스포츠로 자리매김한 결과라고 생각됩니다.

저의 학창시절에는 1934년 동대문 운동장 안에 건설된 실내 수영장과, 안양 유원지의 수영장을 이용했었던 기억이 납니다.

주제별 단어 모음

네셔날팀(NATIONAL TEAM) : 나라를 대표하는 팀
노 브리싱(NO BREATHING) : 단거리에서 호흡하지 않고 수영하는 것 (노브레싱으로 통용)
돌핀킥(DOLPHIN KICK) : 접영 발차기로 양다리를 나란히 하여 차는 방법
메들리(MEDELY) : 4종류의 수영을 계속하여 수영하는 방법
바디 포지션(BODY POSITION) : 몸의 위치
백스트로크(BACK STROKE) : 배영

버터프라이(BUTTERFLY) : 접영
부라인드(BLIND) : 자유형에서 얼굴을 올리지 않는 쪽
브레싱(BREATHING) : 호흡하는 것
브레스트 스트로크(BREAST STROKE) : 평영
비트(BEAT) : 발로 차는 동작
서큇드트레이닝(CIRCUIT TRAINING) : 근력, 지구력, 파워, 스피드, 산소부하 능력 등과 같은 체력 구성 요소에 대한 효과를 동시에 높이는 운동
스타팅 그립(STARTING GRIB) : 배영의 출발을 위하여 설치된 손잡이
스타팅 브럭(STARTING BLOCK) : 출발
스트로크(STROKE) : 파로 물을 긁는 동작
엔트리(ENTRY) : 경기 출장 신청
인도어 시즌(INDOOR SEASON) :실내 풀을 이용하는 시기
인터네셔랄 오피셜 레코드(INTERNATIONAL OFFICIAL RECORD) : 공인 세계기록
인터피어(INTERFERE) : 자기 코스를 벗어나 다른 선수를 방해하는 것
캣치 포인트(CATCH POINT) : 손동작에서 편 손이 물을 긁기 시작하는 법
캣치(CATCH) : 물을 잡는 것
코스라인(COURSE LINE) : 코스 중앙의 밑바닥에 그어져 있는 선
코스로프(COURSE ROPE) : 로프에 나무 또는 PVC 제품의 원통물체를 관통한 것으로 코스를 구분 하는 것
콤비네이션(COMBINATION) : 손과 발의조화
퀵턴(QUICK TURN) : 물속에서 되돌아오는 동작 중 뒤집어 나오는 동작
터치(TOUCH) : 골 또는 턴 할 때 벽면에 접촉 하는 것
파울(FOUL) : 실격
파울스 스타트 라인(FOULS START LINE) : 부정 출발한 선수를 정지시키기 위한 선
펌(FORM) : 자세
페이스 메이커(PACE MAKER) : 속도 조절을 알려주기 위하여 함께 수영하는 선수
풀 컨디션(POOL CONDITION) : 풀의 수온(원어민 발음은 풀 콘디숀)
프리 스타일(FREE STYLE) : 자유형

플렉서빌리티(FLEXBILITY) : 유연성(원어민 발음은 프렉서비리티)
피니시(FINISH) : 수영에서 긁기 동작의 끝
픽 스타트(PIKE START) : 출발 시 멀리까지 나갈 수 있는 스타트 방법

CHAPTER 37

테니스(TENNIS)

테니스는 프랑스어로 라뽐에서 유래되었는데 라뽐은 '손바닥'이란 뜻으로 이후 '때린다'라는 테네 에서 테니스로 변한 것으로 알려지고 있습니다. 라뽐(LA PAUME)은 1200년경 프랑스 귀족들이 즐기던 스포츠이었으며, 이후 우리가 즐기고 있는 테니스로 정착되었습니다.

우리나라는 1970년대 이후 테니스의 붐과 관련용품의 국산화로 인해 테니스 인구가 급증하였고, 테니스 기술의 향상으로 점점 세계무대에서 좋은 성적을 올리고 있습니다.

테니스 코트는 지금도 많이 있지만 저의 젊은 시절에는 아파트 단지 내에 테니스 코트가 필수적이었고 이른 아침시간을 제외한 시간이면 주부님들이 코트를 독점 하다시피 하였기 때문에 자연스럽게 모임의 장소가 되곤 하였던 것으로 기억하고 있습니다.

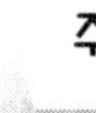

주제별 단어 모음

가베지 샷(GARBAGE SHOT) : 잘못된 샷이 행운으로 이어진 것
갤러리 플레이(GALLERY PLAY) : 관객 위주의 화려한 플레이
게임 세트 앤 매치(GAME SET AND MATCH) : 한 경기가 끝남을 뜻함
게임 포인트(GAME POINT) : 게임의 승패를 결정하는 최후의 한 포인트
그라운드 스매쉬(GROUND SMASH) : 지면에서 높이 바운드된 볼을 머리 위에서 강타하는 것
네트러셔(NET RUSHER) : 네트 쪽으로 달려 들어가 플레이하는 공격수
네트인(NET IN) : 네트에 맞고 상대방코트에 들어간 볼

다크호스(DARK HORSE) : 의외로 강력한 도전자

대시(DASH) : 짧은 거리를 빠르게 달려가는 것

더블폴트(DOUBLE FAULT) : 2번 연속 서브를 실패하는 것

드롭샷(DROP SHOT) : 볼에 스핀을 걸어 네트를 넘자마자 급강하 하는 타구

랠리(RALLY) : 연속적인 스트로크 교환

러브게임(LOVE GAME) : 경기에서 한 포인트도 따지 못하고 게임이 끝났을 때

레퍼리(REFEREE) : 경기의 전권을 가진 심판

로브(LOB) : 볼을 높이 띄워서 상대 선수 배후를 노리는 타구

론 코트(LAWN COURT) : 잔디 코트

바운스(BOUNCE) : 공이 지면에 떨어져 되튀기는 상태

세미 파이널 라운드(SEMI FINAL ROUND) : 준결승전

케미칼 코트(CHEMICAL COURT) : 합성재료로 사용하여 만든 코트

코렉션(CORRECTION) : 심판의 정정 판정

크레이 코트(CLAY COURT) : 천연 재료로 만들어진 코트

하프 발리(HALF VOLLEY) : 튀어 오르는 볼을 지면에 스칠 듯한 높이로 치는 타구

해비코트(HEAVY COURT) : 습기가 찬 코트

제4편

무역 관련 영어

CHAPTER 38
무역용어

저의 첫 직장은 수출조합이었는데 처음 입사하였을 당시에는 직장에서 활용해야 하는 무역 영어가 너무나 생소한 느낌이 들었고 쉽게 이해가 되지 않는 단어가 너무나도 많았습니다.

많이 쓰이던 단어 중 코타(QUOTA)라는 단어가 기억납니다. 이것을 직역하면 할당이라는 뜻인데 당시에는 단순히 사전적 의미만을 알았고 그 외의 뜻은 전혀 모르고 지나갔던 것으로 기억합니다.

추후에 선진국(미국, 유럽국가)에서 후발국로부터 수입되는 수량을 제한하는 방법이 코타 시스템(QUOTA SYSTEM)이라는 것을 알았고, 저 역시 코타 관리자로 경험한 적이 있었습니다.

주제별 단어 모음

[ㄱ]

그로스 웨이트(GROSS WEIGHT) : 총중량

[ㄷ]

달러 크라이시스(DOLLAR CRISIS) : 달러 위기
데리버리(DELIVERY) : 전달, 인도
데스티네이션(DESTINATION) : 목적지
드라워(DRAWER) : 환어음 발행인
드라위(DRAWEE) : 환어음 수취인

디머리쥐(DEMURRAGE) : 채선료
디스크립션(DESCRIPTION) : 물품 분석
디에이(DOCUMENT AGAINST ACCEPTANCE) : 물품 인도 후 대금 지불
디피(DOCUMENT AGAINST PAYMENT) : 선적 서류 받고 대금 지불

[ㄹ]
레스트릭티드 아이템(RESTRICTED ITEM) : 제한 품목

[ㅁ]
마진(MARGIN) : 이익
마추리티(MATURITY) : 만기
마케팅(MARKETING) : 판매
마케팅 리셔치(MARKETING RESEARCH) : 판매 조사
마케팅 메네지먼트(MARKETING MANAGEMENT) : 판매 경영
마케팅 프랜(MARKETING PLAN) : 판매계획
마켓 크레임(MARKET CLAIM) : 적은 실수를 기회로 수입대금을 깎는 방법
메니페스트(MANIFEST) : 적하 목록
메저먼트 카고(MEASUREMENT CARGO) : 용적 화물
모아 오아 레스 크로스(MORE OR LESS CLAUSE) : 과부족 인용 조건

[ㅂ]
배네핏(BENEFIT) : 이익, 혜택
버리디티(VALIDITY) : 유효
브랭크 엔도스먼트(BLANK ENDORSEMENT) : 백지 배서
빌 오브 익스체인지(BILL OF EXCHANGE) : 환어음

[ㅅ]
서스팬션(SUSPENSION) : 중지
세컨 베니피셔리(SECOND BENEFICIARY) : 신용장 양수인
쇼트리지(SHORTAGE) : 부족(원어민 발음은 숏테지)
숏 케이블 엘씨(SHORT CABLE L/C) : 신용장이 열렸다는 것을 CABLE을

통하여 통보한 것
스타핑(STUFFING) : 콘테이너에 화물을 적재하는 작업
씨 에프 에스(CFS : CONTAINER FREIGHT STATION) : 컨테이너 적체 시설, 컨테이너 화물의 혼재작업을 하는 곳
씨 와이(CY : CONTAINER YARD) : 컨테이너 야적장

[ㅇ]
악셉턴스(ACCEPTANCE) : 수락
어마운트(AMOUNT) : 금액
에스 알(SR) : SHIPPING REQUEST, 선적 요청서
에스티메이트 타임 오브 디파튜어(ESTIMATED TIME OF DEPARTURE) : 출항 예정일
에스티메이트 타임 오브 어라이벌(ESTIMATED TIME OF ARRIVAL) : 도착 예정일
에이전트(AGENT) : 대리점
에이취 에스(HS) : HARMONIZED SYSTEM, 국제 통일 상품 분류 번호
에코너믹 크라이시스(ECONOMIC CRISIS) : 경제 위기
엑스쿨시브 콘트렉트(EXCLUSIVE CONTRACT) : 독점 계약서
엔바고(EMBARGO) : 금수 조치
오더(ORDER) : 주문
오퍼(OFFER) : 제안
유니트 프라이스(UNIT PRICE) : 단가
익스첸지 코미션(EXCHANGE COMMISSION) : 환가료
익스포트 라이센스(EXPORT LICENSE) : 수출 승인
익스포트 인스펙션(EXPORT INSPECTION) : 수출검사
익스포트 퍼밋(EXPORT PERMIT) : 수출 면장
익스포트 페킹(EXPORT PACKING) : 수출 포장
인슈어런스 텀(INSURANCE TERM) : 보험조건
인슈어런스 프리미엄(INSURANCE PREMIUM) : 보험료
인콰이어리(INQUIRY) : 조회

[ㅊ]

차터(CHARTER) : 부정기선에 적재하는 운송방법

체크(CHEQUE) : 수표

체크리스트(CHECKLIST) : 점검표

[ㅋ]

카고 인슈어런스(CARGO INSURANCE) : 적하보험

카운터 오파(COUNTER OFFER) : 수정 제안

컨추리 오브 오리진(COUNTRY OF ORIGIN) : 원산지 증명,

케시 오브 데리버리(CASH OF DELIVERY) : 대금 받고 물품 인도

코레스펀턴트 뱅크(CORRESPONDENT BANK) : 환거래 은행

코머셜 인보이스(COMMERCIAL INVOICE) : 상업송장

콘시이먼트(CONSIGNMENT) : 탁송물

콤펜세이션(COMPENSATION) : 보상

퀀디티 텀(QUANTITY TERM) : 수량 조건

퀀티티(QUANTITY) :수량

크라이시스(CRISIS) : 위기

크레임(CLAIM) : 반환 요청

[ㅌ]

트랜스 시프먼트(TRANS-SHIPMENT) : 환적

트랜스퍼라블 엘씨(TRANSFERABLE L/C) : 양도 가능 신용장

티티(TT) : TELEGRAPHIC TRANSFER, 전신환 송금

[ㅍ]

파샬 시프먼트(PARTIAL SHIPMENT) : 분할 선적

패킹(PACKING) : 포장

퍼스트 베니피셔리(FIRST BENEFICIARY) : 신용장 양도인

퍼체스 북(PURCHASE BOOK) : 매입장

퍼체스 오더(PURCHASE ORDER) : 발주서

펌오퍼(FIRM OFFER) : 확정 청약

페이먼트 메소드(PAYMENT METHOD) : 결재방식

프레이트 코렉트(FREIGHT COLLECT) : 운임 후불
프레이트 프리 페이드(FREIGHT PREPAID) : 운임 선불
프로퍼마 인보이스(PROFORMA INVOICE) : 견적 송장
프린스펄(PRINCIPAL) : 거래주체

CHAPTER 39
수출 기본절차

제가 수출조합에서 근무할 당시에는(1975-1982) 우리나라의 수출은 겨우 100억불을 넘었고 국민소득이 1,000불을 넘어 원조 받는 대상 국가에서 벗어나게 되는 시대였습니다.

지금은 개인이 출국할 경우 해외로 가지고 나갈 수 있는 돈의 한계가 10,000불이지만, 그때는 아마 3,000불로 기억됩니다.

출국 전 해외 출장자들이 가장 선호했던 물건은 가죽벨트 안쪽에 ZIPPER가 달린 벨트였습니다. 저도 물론 사용했지요. 출장업무가 끝나고 귀국하기 전 조금 불편하더라도 화장실로 가서 벨트에 고이 모셔둔 DOLLAR를 뽑아 가족선물을 샀던 기억이 납니다.

그 후 우리나라의 경제 부흥으로 해외여행 자유화가 1989년에 실행되었고, 2013년에는 5,526억불이라는 수출대국으로 성장하였으며, 국민소득 26,000불을 이룬 세계 경제 10위권 나라가 되었으니 정말 감회가 새롭습니다.

주제별 단어 모음

익스포트 프로시저(EXPORT PROCEDURE) : 수출절차

(1)

리시브 더 익스포트 엘씨(RECEIVE THE EXPORT L/C) : 수출신용장 수취

* **레터 오브 레디트(LETTER OF CREDIT)** : 신용장(줄인 말 L/C로 통용)

↓

(2)

익스포트 어푸로발 후럼 익스포트 어소시에이션(EXPORT APPROVAL FROM EXPORT ASSOCIATION) : 수출조합 승인

↓

(3)

익스포트 어푸로발 후럼 뱅크(EXPORT APPROVAL FROM BANK) : 은행 승인

↓

(4)

프로덕션(PRODUCTION) : 생산

↓

(5)

익스포트 데크러레이션 투 카스톰스(EXPORT DECLARATION TO CUSTOMS) : 세관에 수출 신고

↓

(6)

익스포트 퍼미션 푸럼 카스톰스(EXPORT PERMISSION FROM CUSTOMS) : 세관으로부터 수출 승인

↓

(7)

세랙션 오브 시핑 컴퍼니(SELECTION OF SHIPPING COMPANY) : 선박회사 선정

↓

(8)

시프먼트(SHIPMENT) : 선적

CHAPTER 40

수출인증과 신용장 대조

수출조합은 지금의 산업통상자원부(옛날 상공부)산하 단체로서 각 품목별 수출조합이 형성되어 있었으며 수출자는 당해 수출조합의 승인을 얻어야만 했습니다. 2005년 코타시스템(QUOTA SYSTEM)이 없어질 때까지 코타관리를 하였던 곳이기도 합니다. 당시 주요 수출조합은 섬유 중심으로 한국 의류 수출조합, 메리야스 수출조합, 면제품 수출조합, 직물원사 수출조합, 신발 수출조합, 피혁 수출조합, 홀치기 수출조합, 쉐타 수출조합 등이 있었으며, 대한민국 의류관련 수출에 길잡이 역할을 하였다고 생각합니다. 그러나 이후 노동집약적 산업의 대표인 섬유산업의 쇠퇴로 통폐합과 축소되어 현재는 명맥만 유지하고 있는 것으로 알고 있습니다.

주제별 단어 모음

네고시에이션 뱅크(NEGOTIATION BANK) : 주거래 은행
노티파이 파티(NOTIFY PARTY) : 물건 도착 후 통지처
데스티네이션 포트(DESTINATION PORT) : 도착항
레터 어브 크레디드(LETTER OF CREDIT) : 신용장(줄임말 L/C로 통용)
리미턴스 뱅크(REMITTANCE BANK) : 송금은행
리벌커벌 엘씨(REVOCABLE L/C) : 취소 가능 신용장
뱅크 인터레스트 차지(BANL INTEREST CHARGE) : 은행 이자
베니피셔리(BENEFICIARY) : 신용장 수익자
빌 오브 레딩(BILL OF LADING) : 선하증권

시프먼트 데이트(SHIPMENT DATE) : 선적일
씨 엔 에프(CNF : Cost and Freight) : 본선 인도 가격 에 추가 배 운임
씨 아이 에프(CIF : Cost, Insurance and Freight) : 씨엔 에프 가격에 추가 보험료
애프리켄트(APPLICANT) : 신용장 개설자
어드바이징 뱅크(ADVISING BANK) : 통지은행
에프 오 비(F.O.B) : 본선 인도 가격
엣 사이트(AT SIGHT) : 일람출금
오프닝 뱅크(OPENING BANK) : 신용장 개설은행
이레벌커벌 엘씨(IRREVOCABLE L/C) : 취소 불능 신용장
익스파이어리 데이트(EXPIRY DATE) : 신용장 유효일
익스포트 포트(EXPORT PORT) : 선적항
커머디티(COMMODITY) : 품명
커스텀스 부러커(CUSTOMS BROKER) : 통관업자
페이먼트 텀(PAYMENT TERM) : 지불 방법
프라이스 텀(PRICE TERM) : 가격 조건
프리센티드 바이(PRESENTED BY) : ~에 의하여 제출하다

CHAPTER 41
원단(FABRICS)

경제의 발전과 더불어 소비자의 니즈(NEEDS)가 높아지면서 원단 분야에서도 많은 발전을 이루고 있습니다. 이러한 원단 소재의 변화는 소비자 욕구에 편승 하여야만 성공 할 수 있기 때문에 소비자가 원하는 퀄러티(QUALITY)에 맞추기 위한 노력은 지금도 계속되고 있습니다.

예를 들어 얼마 전까지만 하여도 운동할 때 입는 옷은 100% 면제품이 최고였지만, 지금은 땀은 흡수하여 빨리 밖으로 내보내고 빨리 말리는 원단이 개발되어 다양한 운동복으로 제작되고 있습니다.

또한 빗물과 물은 원단을 통하여 안으로 흡수되지 않고, 땀은 원단을 통하여 밖으로 내보는 BREATHABLE FABRICS이 개발되어 등산 메니아(MANIA)들과 주말 야외 텐트 생활을 사랑하는 가족들에게는 많은 사랑을 받고 있는 것이 사실입니다.

주제별 단어 모음

나이론 패브릭(NYLON FABRICS) : 나이롱 원단
넘버스(NUMBERS) : 자연사의 굵기 단위
데니어(DENIER) : 화섬사의 굵기 단위
덴시티(DENSITY) : 밀도
레전(RESIN) : 수지
렙딥(LABORATORY DIP) : 원단 염색 전 실험실에서 적은 원단에 시험해 보는 방법

립아웃(RIP OUT) : 찢어지다
립오픈(RIP OPEN) : 원단이 미어지다
브라이트 패브릭(BRIGHT FABRIC) : 밝은 원단
브라치(BLOTCHY) : 색이 알록달록하다
브레스블 패브릭(BREATHABLE FABRICS) : 발수 통풍 원단
비커 테스트(BEAKER TEST) : 원단 본 염색 전 실험실에서 작게 원단에 염색해 보는 시험 방법(줄인 말 B/T로 통용)
빗 다커(BIT DARKER) : 약간 어둡다
세미 덜(SEMI DULL) : 광택이 조금 있는 원단
스테틱(STATIC) : 정전기
신세틱 레전(SYNTHETIC RESIN) : 합성 수지
신세틱 패브릭(SYNTHETIC FABRICS) : 합성 원단
신세틱 퍼이버(SYNTHETIC FIBER) : 합성 섬유
아크리릭 얀(ACRYLIC YARN) : 아크리릭 실
아크리릭 코팅(ACRYLIC COATING) : 원단에 아크리릭으로 막을 입히는 것
아크리릭 파이버(ACRYLIC FIBER) : 아크릭로나이트릴의 중합체를 녹여 실을 뽑은 합성섬유
앵글 오브 비지브리티(ANGLE OF VISIBILITY) : 시각
얀카운트(YARN COUNT) : 실의 굵기
언타이디(UNTIDY) : 단정치 못하다
얼터네이티브 얀(ALTERNATIVE) : 대체 실
엔티 스테틱(ANTI-STATIC) : 정전기 방지
워터 리퍼런트(WATER REPELLANT) : 발수가공
워터 프르프(WATER PROOF) : 방수가공
저지 얀(JERSEY YARN) : 메리야스 짜기 위한 실
카튼 패브릭(COTTON FABRICS) : 면 원단
카튼 포리 부랜디드 패브릭(COTTON POLYESTER BLENDED FABRIC) : 면 포리 혼방직물
칼라 파스트네스 테스트(COLOUR FASTNESS TEST) : 색갈 결여도 시험
칼라 파스트네스(COLOUR FASTNESS) : 색깔 결여도
쿠엔처(QUENCHER) : 소광제, 광택을 줄이는 약품
타프(TOUGH) : 질기다

텐더(TENTER) : 직물을 말리는 틀

포리에스터 패브릭(POLYESTER FABRICS) : 포리에스터 원단

포리유러세인 코팅(POLYURETHANE COATING) : PU로 막을 입히는 것 (줄임말 PU 코팅으로 통용)

포리유러세인(POLYURETHANE) : 탄성섬유(줄임말 PU 또는 포리우레탄으로 통용)

폴리에스터 코튼 브랜디드 얀(POLYESTER COTTON BLENDED YARN) : 면과 폴리에스터 혼방 실

(PC 브랜디드 얀으로 통용)

폴리에스터 코튼 브랜디드 패브릭(POLYESTER COTTON BLENDED FABRICS) : 면과 폴리에스터 혼방 직물(PC 브랜디드 패브릭으로 통용)

프래인 다이드(PLAIN DYED) : 화학물질 없이 원단을 염색 하는 것

프레잉(FRAYING) : 원단이 닳아 없어지다

프릭션(FRICTION) : 마찰

프림지(FLIMSY) : 원단이 빈약하다, 얇다

플덜(FULL DULL) : 광택이 없는 원단

호져리 얀(HOSIERY YARN) : 양말류 짜기 위한 편사실

CHAPTER 42

가멘트(GARMENT)

가멘트 사업의 성공 여부는 제품의 품질을 높이는 것에 달려 있음은 두말할 여지가 없습니다. 그래서 품질관리가 제일 중요한 일이 될 것입니다.

관리자가 얼마나 자주 작업 현장에 가서 제품을 확인하느냐에 따라 제품의 품질이 달라지며, 그래서 해외에서는 품질의 현장관리 중요성을 나타내는 유명한 말이 있습니다.

"퀄리티 디펜드 언 슈스(QUALITY DEPEND ON SHOES)"

이 말의 의미는 관리자가 작업 현장에 자주 가면 신발 밑창이 자주 닳고, 안가면 밑창이 그대로 있다는 뜻입니다.

주위에 신발이 닳아 자주 신발을 바꾸는 관리자가 있나 유심히 살펴보십시오. 그 관리자와 친하게 지내세요. 그분은 나중에 분명 성공할 것입니다.

주제별 단어 모음

[ㄴ]

넥랭스(NECK LENGTH) : 목 둘레

[ㄷ]

돔스냅(DOME SNAP) : 원형모양의 쇠 단추

[ㄹ]

라이닝(LINING) : 안감

리렉스드(RELAXED) : 자연 상태로 치수를 재는 방법

[ㅁ]

메인 레이블(MAIN LABEL) : 상표

메저먼트 차트(MEASUREMENT CHART) : 치수 조사표

메저먼트 테이프(MEASUREMENT TAPE) : 줄자

메저먼트(MEASUREMENT) : 치수

[ㅂ]

백랭스(BACK LENGTH) : 뒷 기장

백큠(VACUUM) : 진공

백판낼(BACK PANEL) : 등판

버튼(BUTTON) : 단추

버튼홀(BUTTON HOLE) : 단추 구멍

브로큰 스티치(BROKEN STITCH) : 봉탈

[ㅅ]

사이즈 그래이딩(SIZE GRADING) : 치수 등급

사이즈 레이블(SIZE LABEL) : 크기 표시 라벨

사이즈 스패시피케이션(SIZE SPECIFICATION) : 기본 치수 사양서

센터 백 랭스(CENTER BACK LENGTH) : 뒤판 NECK SEAM 가운데부터 밑단까지 길이

소잉 니들(SEWING NEEDLE) : 바느질 바늘

소잉 머신(SEWING MACHINE) : 재봉틀

소잉 스레드(SEWING THREAD) : 재봉사

소잉 팩토리(SEWING FACTORY) : 봉재공장

숄더(SHOULDER) : 어깨

스리브 랭스(SLEEVE LENGTH) : 소매 길이

스트레치드(STRETCHED) : 잡아 당겨서 치수를 재는 방법

[ㅇ]

아우터 카톤(OUTER CARTON) : 겉포장 상자
아웃터 셸(OUTER SHELL) : 겉감
아이언(IRON) : 다리미(아이롱으로 통용)
아이언잉(IRONING) : 다림질
암피트(ARMPIT) : 겨드랑이
언 타이디(UNTIDY) : 깔끔하지 않음
엑서스리(ACCESSORY) : 기타 부품
엑스트라 심(EXTRA SEAM) : 시접
엠브로이더리(EMBROIDERY) : 자수
오바롤 퀀티티(OVERALL QUANTITY) : 전반적인 수량
웨스트 밴드(WAIST BAND) : 허리단
웨스트(WAIST) : 허리
웨어링 아웃(WEARING OUT) : 옷 입어 헤어진 것
익스텐디드(EXTENDED) : 잡아 당겨서 치수를 재는 방법
인너 카톤(INNER CARTON) : 겉포장 상자 안에 넣는 작은 포장 상자
인사이드 페이스(INSIDE FACE) : 안쪽 지퍼와 안감 사이에 겉감을 사용한 부분
인스팩션 쉬트(INSPECTION SHEET) : 검사표
인스팩션(INSPECTION) : 검사

[ㅈ]

지퍼(ZIPPER) : 지퍼

[ㅊ]

체스트(CHEST) : 가슴

[ㅋ]

칼라 하이트(COLLAR HEIGHT) : 칼라(에리) 높이
커프(CUFF) : 소매 끝동
케어 레이블(CARE LABEL) : 세탁 표시 라벨
퀄리티 콘트롤러(QUALITY CONTRLOLLER) : 생산 관리자(줄임말 QC로 통용)

크러크드(CROOKED) : 삐뚤어진 것, 굽은 것

[ㅌ]

타이디(TIDY) : 잘 정돈된, 깔끔함

티슈 페이퍼(TISSUE PAPER) : 옷 속에 넣는 종이

[ㅍ]

패킹 머티리얼(PACKING MATERIAL) : 포장 자재

페턴(PATTERN) : 옷의 형태

포리백(POLYBAG) : 옷을 집어넣는 프라스틱 주머니

포켓 지퍼(POCKET ZIPPER) : 주머니에 달린 지퍼

포켓(POCKET) : 주머니

프레설 푸트(PRESSER FOOT) : 재봉틀 노루발

프리 프로덕션 샘플(PRE-PRODUCTION SAMPLE) : 생산 전 실물과 똑같이 만들어 본 후 생산투입 여부 결정하는 견본

피니싱 섹션(FINISHING SECTION) : 완성반

[ㅎ]

하이 숄더 포인트(HIGH SHOULDER POINT) : 에께(패턴)에서 가장 높은 곳

햄(HEM) : 밑단

행거(HANGER) : 옷거리

행잉 스레드(HANGING THREAD) : 옷에 달려있는 필요 없는 실

후드 지퍼(HOOD ZIPPER) : 모자에 사용한 지퍼

후드(HOOD) : 모자

후론트 지퍼(FRONT ZIPPER) : 앞판에 사용한 지퍼

후론트 판넬(FRONT PANEL) : 앞판

힛 실 심(HEAT SEAL SEAM) : 봉제선에 물기 들어오는 것을 방지하기 위하여 열로 테이핑 처리하는 방법

CHAPTER 43

선적(SHIPMENT)

제가 의류 관련 사업을 하면서 방글라데시 지사에서 많이 발생되었던 선적품 도난 사고를 말씀드리려 합니다. 저의 경험으로는 지금처럼 물류보안 시스템이 잘 갖춰지기 전에는 수입자가 물건을 받은 후 수출자가 보내준 PACKING LIST와 대조하여 수량이 일치하면 안도하였던 기억이 납니다. 그 당시에는 동서양을 막론하고 도착항에는 항상 기회를 잡아 물건을 훔치려는 사람이 있었기 때문에 선적 사고가 많이 일어났습니다.

저의 기억으로는 제가 방글라데시에 지사를 두었을 당시에는(1985년-1995년) 한국에서 방글라데시로 가는 직항 배도 없었을 뿐만 아니라 컨테이너 선적 SYSTEM도 없고 벌크선(BULK VESSEL)만 이용한 것으로 기억됩니다. 그렇다 보니 물건이 도착 후 PACKING LIST와 대조하면 수량이 부족했던 경우가 일상생활처럼 자주 일어나곤 했었습니다. 나중에는 낱개 도난을 방지하기 위하여 한국에서 나무상자로 PACKING 하고 그 위에 대철로 감싸 선적한 기억도 떠오르네요.

특히 한국물품의 도난사고가 높았던 것으로 기억이 나는데, 이러한 도난 사고가 자주 일어났었던 까닭은 선적한 물건의 액면가치가 높았기 때문은 아니었고 도난품을 다시 아주 비싼 값으로 되팔 수 있었기 때문입니다. 선적품을 슬쩍하는 도둑들은 한국에서 방글라데시 까지 항해일수가 약 30일이 넘었으며, 도난당한 제품을 다시 제조 하는데 많은 시간이 걸린다는 것을 너무나 잘 알고 있었고 그들은 이러한 한국 사람의 약점을 이용한 것이었습니다.

없어진 물건을 찾기 위해서는 돈을 싸들고 그 나라 시장에 가면 도난당한 물건이 그대로 있었고 그것을 다시 사오는 일을 수시로 번복했었던 기억이 납니다.

이후 컨테이너 선적이 시작되면서 선적품이 도난당하는 일은 없어졌고 이젠 추억이 되었네요.

주제별 단어 모음

노티파이 파티(NOTIFY PARTY) : 통지처
디스크립션 오브 굳스(DESCRIPTION OF GOODS) : 선적품목
베슬(VESSEL) : 선박
쉬퍼(SHIPPER) : 선적자
쉽드 언 보드 베슬(SHIPPED ON BOARD VESSEL) : 출항하는 선명
씨 비 엠(CBM : CUBIC METER) : 큐빅미터, 1㎥의 부피
에프씨엘(FCL : FULL CONTAINER LOAD) : 컨테이너에 가득 찬 화물
엘씨엘(LCL : LESS THAN CONTAINER LOAD) : 컨테이너 가득 채우기 어려운 소량 화물
콘사이니(CONSIGNEE) : 화물 인수자
컨테이너(CONTAINER) : 물건 넣는 용기
포트 오브 디스차지(PORT OF DISCHARGE) : 양륙항, 도착항
포트 오브 로딩(PORT OF LOADING) : 선적항
프레이스 엔드 데이트 오브 이슈(PLACE AND DATE OF ISSUE) : 발급일자와 장소
프레이스 오브 데리버리(PLACE OF DELIVERY) : 인도장소

20 FT CONTAINER(20 FEET CONTAINER)
40 FT CONTAINER(40 FEET CONTAINER)
40 FT HC CONTAINER(40 FEET HIGH CUBIC CONTAINER)

CHAPTER 44

무역(TRADE)

무역이란 수입자와 수출자간에 상거래를 말합니다.

그러나 양자 간 거래가 성사되기까지에는 여러 가지 절차가 남아 있습니다.

먼저 혼동되기 쉬운 바잉 오피스(BUYING OFFICE)의 역할과 오파(OFFER)상의 역할을 정확히 이해했으면 좋겠습니다.

BUYING OFFICE는 우리 제품을 해외에 알려 수출을 도모 하는 역할을 하며, OFFER상의 역할은 외국의 제품을 국내에 알려 수입을 도모하는 역할을 합니다.

섬유수출이 주종을 이루었을 때에는 미국, 유럽 BUYER들이 국내에 리어젼 오피스(LIAISON OFFICE)를 개설하거나 BUYING OFFICE를 통하여 수출 상담부터 품질 관리 및 선적까지의 관리를 맡겼습니다.

저 역시 리어젼 오피스와 바잉 오피스를 겸하면서 한국, 방글라데시, 베트남에서 제품을 생산하여 미국, 영국, 캐나다, 스위스 그리고 아일랜드에 의류 제품을 수출 하였습니다.

오파상이 한국 경제 성장에 비례하여 발전한 원인 중에 하나는 우리나라에서 생산할 수 없는 원부자재를 들여와 제품을 생산할 수 있는 사업처에 납품을 하는 역할을 수행하였기 때문이며, 관련 분야에서 계속적으로 성장하고 있습니다. 하지만 리어젼 오피스와 바잉 오피스는 현재 예전의 영광을 뒤로한 채 많이 사라진 상황입니다.

이유는 우리나라가 노동집약적 산업인 경공업을 주요 생산 품목으로 수출할 당시에는 리어전 오피스 또는 바잉 오피스가 성행을 하였으며, 인프라 산업을 중심으로 한 중공업을 주요 생산 품목으로 수출하게 되면서 오파상의 성장이 이루어지게 되었기 때문입니다.

1988년 서울 올림픽을 전후로 상승하는 인건비와 한화의 강세(REVALUATION)로 의류산업을 필두로 하는 경공업은 가격 경쟁력 측면에서 도태 될 수 밖에 없었으며, 의류산업 분야는 자연스럽게 인건비가 저렴한 제3국(OFFSHORE BUSINESS)으로 진출하게 되었습니다.

[바잉 오피스의 일반적인 업무 절차]

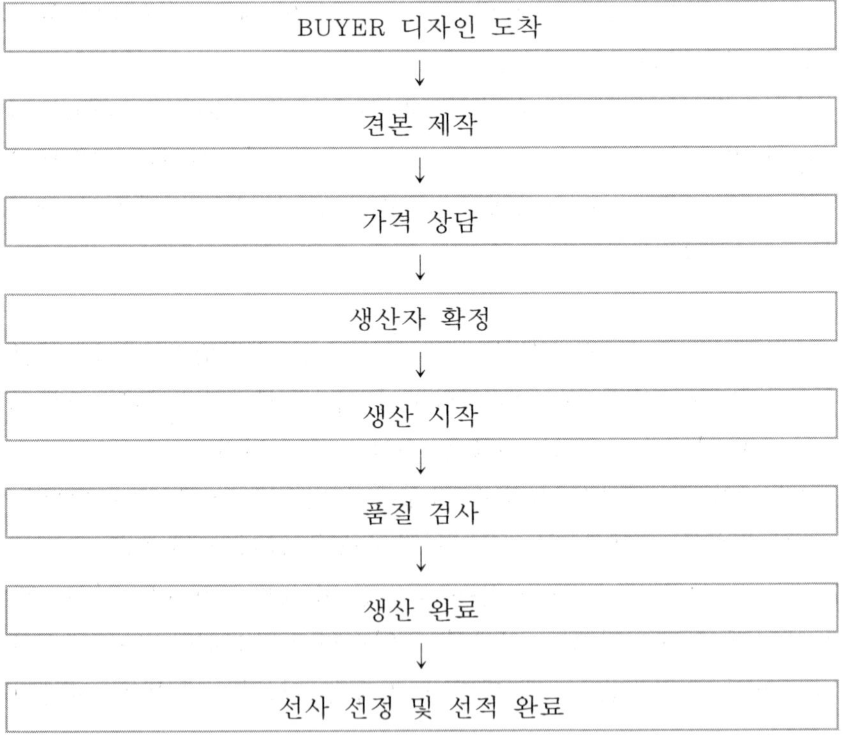

주제별 단어 모음

데이트 어브 머추리티(DATE OF MATURITY) : 만기 일자
디벨유레이션(DEVALUATION) : 평가 절하(수출자에게 좋음)
디퍼드 페이머트 엘씨(DEFERRED PAYMENT L/C) : 연지급 신용장
레드 크러스 크레디트 엘씨(RED CLAUSE CREDIT L/C) : 선지급 신용장
레터 오브 케란티(LETTER OF GUARANTEE) : 보증서
로 프로닥티비티(LOW PRODUCTIVITY) : 낮은 생산성
리벨유레이션(REVALUATION) : 평가 절상(수입자에 좋음)
리볼빙 엘씨(REVOLVING L/C) : 회전 신용장
리스크(RISK) : 위험
릴레이션컴퍼니(RELATION COMPANY) : 협력 업체
모던 인터내셔날 트레이드(MODERN INTERNATIONAL TRADE) : 현대 국제 무역
미니 랜드 브리쥐(MINI LAND BRIDGE) : 미국 서부에서 동부로 가는 복합 운송 방법 (줄임말 MLB로 통용)
백 투 백 엘씨(BACK TO BACK L/C) : 견질 신용장
본디드 에어리어(BONDED AREA) : 보세구역
본디드 웨어하우스(BONDED WAREHOUSE) : 보세 창고
사이비리언 랜드 브리쥐(SIBERIAN LAND BRIDGE) : 시베리아 횡단철도 이용한 복합운송(줄임말 SLB로 통용)
서랜더 비엘(SURRENDER B/L) : 선하증권 인도
서티피케이트 오브 오리진(CERTIFICATE OF ORIGIN) : 원산지 증명(줄임말 C/O로 통용)
쉬핑 노티스(SHIPPING NOTICE) : 선적 통지서
스위치 비엘(SWITCH B/L) : 삼국간 무역에서 연계 운송장
스탠바이 엘씨(STAND-BY L/C) : 보증 신용장
씨 엠 티(CMT : CUTING, MAKING, TRIMMING) : 깎고 가공하고 다듬어서 납품한다는 뜻으로 위탁가공 무역에서 사용하는 임가공 방식
어라이벌 노티스(ARRIVAL NOTICE) : 도착 통지서
에어웨이빌(AIRWAY BILL) : 항공화물 운송장

엑스포터(EXPORTER) : 수출업자
옵셔 비지네스(OFFSHORE BUSINESS) : 제3국 통한 사업
유산스 드래프트(USANCE DRAFT) : 기한부 어음
유산스 엘씨(USANCE L/C) : 기한부 신용장
익스포트 데크러레이션(EXPORT DECLARATION) : 수출신고
인슈어런스 포리쉬(INSURANCE POLICY) : 보험증권
인터네셔날 참버 오브 코머스(INTERNATIONAL CHAMBER OF COMMERCE) : 국제 상공회의소(줄임말 I.C.C로 통용)
인터미디어트 트레이드(INTERMEDIATE TRADE) : 중계무역
임포터(IMPORTER) : 수입업자
임포트 데크라레이션(IMPORT DECLARATION) : 수입신고
차이나 랜드 브리쥐(CHINA LAND BRIDGE) : 중국 철도 이용한 복합운송(줄임말 CLB로 통용)
커스톰스 듀티(CUSTOMS DUTY) : 관세
콘디셔날 백 투 백 엘씨(CONDITIONAL BACK TO BACK L/C) : 무책임 견질 신용장
콘사인먼트 프로세싱 콘트렛트(CONSIGNMENT PROCESSING CONTRACT) : 위탁가공무역계약
콘퍼메이션 백 투 백 엘씨(CONFIRMATION BACK TO BACK L/C) : 보장 견질 신용장
퀄리티 인스팩션(QUALITY INSPECTION) : 품질검사
트랜스 시프먼트(TRANS-SHIPMENT) : 환적
트랜스 사이비리언 레일웨이(TRANS SIBERIAN RAILWAY) : 시베리아 철도 이용한 복합운송(줄임말 TSR로 통용)
파샬 쉽먼트(PARTIAL SHIPMENT) : 분할선적
프레이트 코렉(FREIGHT COLLECT) : 운임 후불
프리 어론사이드 쉽(FREE ALONGSIDE SHIP) : 선측 인도 조건
프리 케리어(FREE CARRIER) : 운송인 인도 조건(줄인 말 FCA로 통용)

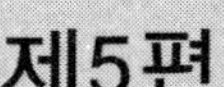

알고 보면 쉬운 영어표현

CHAPTER 45

혼동되기 쉬운 영어 발음과 철자

CANADA 출장 중에 수출입 알선을 하는 대만친구와 대규모의 의류수입업을 하는 캐나다 바이어(Buyer)와 함께 식당에서 물(WATER)을 주문을 하게 되었습니다.

순간 영어 철자(SPELL)는 PURE WATER로 떠오르는데 영 정확한 발음이 떠오르지 않더군요.

저는 순간 생각대로 주문을 했는데 실수로 그만 PURE WATER가 아닌 POOR WATER로 주문을 하고 말았습니다. 다행히 캐나다 바이어가 저의 실수를 빨리 알아차리고 푸어워터(POOR WATER : 나쁜 물) 대신 퓨어 워터(PURE WATER : 순수하고 깨끗한 물)로 다시 주문하였지만 참 난감했던 기억이 납니다. 그래도 수십년이 지나고 보니 다 좋은 추억이 되네요.

한국에서의 실수담도 있습니다. 1970-1980년도 중반까지 외국바이어(BUYER)는 의류수입상이 거의 전부였고, 하루일정이 끝나면 의류 수출업자가 저녁을 접대하는 것이 관례였습니다.

그날따라 예쁜 호스티스(HOSTESS)가 바이어에게 매우 친절했지요. 문제는 호스티스가 눈치는 100단인데 영어는 0점이였어요. 저녁식사가 끝날 무렵 바이어가 저에게 부탁을 하였습니다. 호스티스의 호의(HOSPITALITY)에 고맙다고 전해달라고 했는데, 저는 음악 소리가 크고 시끄러워서 대충 병원(HOSPITAL)로 들었습니다. 잘 즐기던 바이어가 갑자기 병원을 찾을 리는 없고, 순간 무척 당황했었던 기억이 납니다.

하스피탈(HOSPITAL) : 병원
하스피탈리티(HOSPITALITY) : 접대, 환대

영단어 중에는 발음이 비슷하고 혼동되기 쉬운 단어가 많습니다. 만약 저와 같은 실수를 하시면 좋은 물을 주문했는데 설것이 물을 마실 수도 있고, 친절해서 고맙다는데 병원으로 실려 갈 수도 있으니 애꿎은 영어단어를 구박하시지 마시고 발음을 조심하셔야 합니다.

주제별 단어 모음

그레이버(GRAVER) : 조각사, 조각칼
그레이브(GRAVE) : 묘지

너스(NURSE) : 간호원
너서(NURSER) : 유모
너서리(NURSERY) : 아기방

다운(DOWN) : 아래에
타운(TOWN) : 작은 도시

다카(DHAKA) : 서남아시아 뱅글라데시 수도
다카(DAKAR) : 아프리카 세네갈 수도

다이어리(DIARY) : 메모장, 일기장
데이리(DAILY) : 하루

덴(THAN) : ~보다
덴(THEN) : 그때

드라마(DRAMA) : 연극
드러머(DRUMMER) : 북 치는 사람

리프리지져 레이터(REFRIGERATOR) : 냉장고
프리져(FREEZER) : 냉동고

리얼(REAL) : 진짜의
리얼(REAR) : 어떤 것의 뒤쪽

라벨(LABEL) : 옷에 붙어있는 상표(원어민 발음은 레이벌)
레벨(LEVEL) : 수준, 정도(원어민 발음은 레벌)

러(LAW) : 법
러(RAW) : 날 것

로열(LOYAL) : 충성, 충실
로열(ROYAL) : 국왕의

레이크(LAKE) : 호수
레이크(RAKE) : 갈퀴

레이져(LASER) : 빛을 증폭하는 장치
레이져(RAZOR) : 면도기

래퍼(RAPPER) : 내뱉듯이 말하는 가수
래퍼(WRAPPER) :포장지

라커(LOCKER) : 목욕탕, 골프장 등의 개인 물건 보관함
라커(ROCKER) : 록음악을 부르는 가수

립(LIP) : 입술
립(RIB) : 갈비

라이브러리(LIBRARY) : 도서관
라버라토리(LABORATORY) : 실험실

라이트(RIGHT) : 올바른
라이트(LIGHT) : 가벼운

라이터(WRITER) : 작가
라이터(LIGHTER) : 담배 라이터

라버(LAVER) : 김, 파래
라버(RUBBER) : 고무

라이브(LIVE) : 살아 있는
리브(LIVE) : 살다

레인(LANE) : 길
레인(RAIN) : 비

리스트(WRIST) : 손목
리스트(LIST) : 목록

리버(RIVER) : 강
리버(LIVER) : 간

미트(MEAT) : 고기
미트(MITT) : 야구 포수 장갑

보트(BOAT) : 배
보트(BOUGHT) : 샀다, 사주다

본(BORN) : 태어나다
본(BONE) : 뼈

볼(BALL) : 공
볼(BOWL) : 밥공기

바캉스(VACANCE) : 여름 휴가
베케이션(VACATION) : 휴가, 방학
버케이션(VOCATION) : 천직

베어(BEAR) : 곰
베어(BEAR) : 참다

페어(PEAR) :배
페어(PAIR) : 한짝

부랑켓(BLANKET) : 담요
프라켓(PLACKET) : 옅을 튼 부분

블라드(BLOOD) : 혈액
플라드(FLOOD) : 홍수

밸리(VALLY) : 계곡, 골짜기
발리(VOLLEY) : 테니스 등의 구기 종목에서 공이 지면에 떨어지기 전에 맞받아 넘기는 것

블랙(BLACK) : 검정
브렉(BREAK) : 깨지다

베이스(VASE) : 꽃병
베이스(BASE) : 아랫부분, 기초, 기본, 야구의 2루 3루 베이스
베이스(BASS) : 최저음

바텀(BOTTOM) : 아랫부분
바튼(BUTTON) : 단추(버튼으로 통용)

시크(CHIC) : 멋진, 세련된(원어민 발음은 쒸크)
씨크(SICK) : 아픈, 병든

씨(SEA) : 바다
씨(SEE) : 보다

서티(THIRTY) : 30
서틴(THIRTEEN) : 13

식스(SIX) : 6
식스(SIXTH) : 여섯 번째

식스티(SIXTY) : 60
식스틴(SIXTEEN) : 16

세븐티(SEVENTY) : 70
세븐틴(SEVENTEEN) : 17

세일(SALE) : 판매
세일(SAIL) : 항해

센드(SAND) : 모래
센드(SEND) : 발송하다

썬(SUN) : 태양
썬(SON) : 아들

시큐리티(SECURITY) : 보안
시크리터리(SECRETARY) :비서

스위트(SWEET) : 달콤한
스웨트(SWEAT) : 땀

스테이션너리(STATIONERY) : 문방구, 문구류
스테이션나리(STATIONARY) : 움직이지 않는, 정지된

오너(OWNER) : 회사나 상점 주인
어너(HONOR) : 명예, 영예, 골프에서 타구를 제일 먼저 하는 골퍼

웨이터(WAITER) : 남자 종업원
웨이트레스(WAITRESS) : 여자 종업원

워크(WALK) : 걷다
워크(WORK) : 일하다

에이티(EIGHTY) : 80
에이틴(EIGHTEEN) : 18

에이스(ACE) : 주무기, 첫손 꼽는, 홀인원, 카지노 용어
에이스(EIGHTH) : 8번째

아워(HOUR) : 시간
아워(OUR) : 우리

이어(YEAR) : 년
이어(EAR) : 귀

아이스랜드(ICELAND) : 북 유럽 국가 이름
아이랜드(ISLAND) : 섬
아이랜드(IRELAND) : 영국 위에 있는 국가

어그리(UGLY) : 추한
어그리(AGREE) : 동의하다

웜(WARM) : 따뜻함
웜(WORM) : 벌레

원더(WONDER) : ~일지 모르겠다
원더(WANDER) : 거닐다, 돌아다니다

저널(JOURNAL) : 신문, 학술지
저니(JOURNEY) : 여행

젤어스(JEALOUS) : 질투
젤어스(ZEALOUS) : 열성적인

치킨(CHICKEN) : 닭
키친(KITCHEN) : 부엌

코트(COAT) : 외투
코트(COURT) : 법정, 테니스 코트

코퍼레이션(COOPERATION) : 협동
코퍼레이션(COPERATION) : 기업

콘코드(CONCORD) : 화합
콩코드(CONCORDE) : 음속 여객기(원어민 발음은 콘커드)
콘커드(CONQUERED) : 정복 당하다

칼러(COLOUR) : 색깔
칼라(COLLAR) : 옷의 깃(원어민 발음은 칼러)

컬렉션(COLLECTION) : 수집, 모으다(원어민 발음은 커랙션)
코랙션(CORRECTION) : 정정, 수정

커스톰스(CUSTOMS) : 세관
커스톰(CUSTOM) : 습관

커맨드(COMMAND) : 명령, 상급 사령부
커맨드(COMMEND) : 칭찬하다
코멘트(COMMENT) : 논평하다, 견해를 밝히다(원어민 발음은 커맨트)

컨텐드(CONTEND) : 주장하다
컨텐츠(CONTENT) : 내용물(원어민 발음은 컨텐트)

카튼(COTTON) : 면
커튼(CURTAIN) : 무대나 창문을 가리는 천(원어민 발음은 카튼)

카버(CARVER) : 조각가
카버(COVER) : 씌우다

캄프리맨트(COMPLEMENT) : 보완하다
캄프리맨트(COMPLIMENT) : 칭찬, 찬사

크래스(CLASS) : 학급
그라스(GLASS) : 유리
그래스(GRASS) : 풀, 잔디

크레시(CRASH) : 자동차 충돌 사고, 비행기 추락사고
크라시(CRUSH) : 으스러뜨리다

크로스(CLOSE) : 닫다
크러스(CLOTH) : 옷감, 직물

콘센트(CONSENT) : 동의
콘센트(CONCENT) : 일치, 조화

컨펌(CONFIRM) : 확인하다(원어민 발음은 콘펌)
콘펌(CONFORM) : 행동을 같이하다

콰이트(QUITE) : 꽤, 상당히
콰이어트(QUIET) : 조용한

퓨얼(PURE) : 다른 것이 섞이지 않은 순수한 것
푸어(POOR) : 가난, 저질

플라워(FLOWER) : 꽃
플라워(FLOUR) : 밀가루
플러(FLOOR) : 건물의 층

페이스(FACE) : 얼굴
패이스(PACE) : (걸음 달리기)속도

피프티(FIFTY) : 50
피프틴(FIFTEEN) : 15

퍼티(FORTY) : 40
퍼틴(FOURTEEN) : 14

필(FEEL) : 느끼다
필(PEEL) : 껍질을 벗기다
필(PILL) : 알약

패스트(PAST) : 지나간
패스트(FAST) : 빠른

퍼니(FUNNY) : 재미있는
퍼니(PHONY) : 가짜, 허위
퍼니(PONY) : 조랑말

퍼스(FORTH) : ~에서 멀리, 밖으로
퍼스(FOURTH) : 4번째

페이션트(PATIENT) : 환자
페이션스(PATIENCE) : 인내
페이션트(PATIENT) : 인내심 있는

펄스(PULSE) : 맥박
퍼스(PURSE) : 지갑

프라이즈(PLAIZE) : 상품, 경품
프라이스(PRICE) : 가격

프레인(PLANE) : 비행기
프레인(PLAIN) : 분명한, 평지
프랜(PLAN) : 계획

프레이(PRAY) : 기도하다
프레이(PREY) : 미끼
프레이(PLAY) : 놀다

프레시(FLASH) : 섬광, 비추다
프레시(FLESH) : 피부
프레시(FRESH) : 신선한, 맑음

프레젼트(PLEASANT) : 즐거운
프레젼트(PRESENT) : 선물

피스(PEACE) : 자유
피스(PIECE) : 조각, 한 개

피크(PEAK) : 정점
피크(PICK) : 고르다, 선택하다

팜(PALM) : 손바닥
팜(PALM) : 야자나무

투(TO) : ~쪽으로
투(TOO) : 너무
투(TWO) : 2

하스피탈(HOSPITAL) : 병원
하스피탈리티(HOSPITALITY) : 접대, 환대, 후대

히어로(HERO) : 남자 영웅(원어민 발음은 히로우)
헤로윈(HEROINE) : 여자 영웅
헤로인(HEROIN) : 마약

하우스(HOUSE) : 집
호스(HORSE) : 말

헤어(HAIR) : 머리카락
에어(HEIR) : 상속인

하프(HALF) : 절반
하프(HARP) : 현악기 종류인 하프

휴먼(HUMAN) : 인간의
휴메인(HUMANE) : 인도적인, 인정 있는

CHAPTER 46

제프리쉬(JAPLISH)와 콩그리쉬(KONGLISH) 그리고 올바른 영어

우리는 아직도 일본 사람들이 자국민을 위하여 사용하는 제프리쉬(JANPAN + ENGLISH)를 일상생활에서 많이 사용하고 있는 것이 사실입니다.

2013년도 수출실적이 5500억불 과 국민소득 2만5000천불을 이룬 우리경제는 세계에서 부러움을 사는 나라로 성장하였고 세계각처에서 코리아 드림(KOREA DREAM)을 이루려고 수많은 외국근로자들로 북적이고 있는 글로벌(GLOBAL)화된 문화 속에서 살고 있습니다.

그러나 우리가 일반적으로 쓰고 있는 외래어 중에는 외국인들이 이해할 수 없는 제프리쉬와 콩그리쉬가 많으며 이러한 단어들을 나열해 보았습니다.

해외에서나 한국에 있는 외국인과 대화할 경우 올바른 영어를 사용 하여야 하며, 독자 여러분이 올바른 영어를 사용하는 데 앞장서야 되겠습니다.

주제별 단어 모음

[ㄱ]

골든타임(PRIME TIME / 프라임 타임) : 황금 시간

[ㄴ]

나이타(NIGHT / 나이트) : 밤, 야간

난링구(RUNNING SHIRT / 런닝샤스) : 선수들이 경기할 때 입는 소매 없는 메리야스 셔츠

[ㄷ]

다스(DOZEN / 다즌) : 12개 짜리 묶음

다이어트(LOSE WEIGHT / 루즈 웨이트) : 다이어트

더치패이(GO DUTCH / 고 다치) : 더치페이

도란스(TRASFORMER / 트랜스퍼머) : 변압기

돈가스(POCK CUTLET / 폭 카트렛) : 돈까스

드라마(SOAP OPERA / 소오푸 아프라) : TV나 라디오 연속극

[ㄹ]

라브 호텔(LOVE HOTEL / 러브 호텔) : 러브 호텔

리모콘(REMOTE CONTROLLER / 리모트 콘트롤러) : 리모콘

[ㅁ]

마후라(MUFFLER / 머플러) : 머플러

만땅(FULL / 플) : 가득

맘모스(MAMMOTH / 메모스) : 거대한, 웅장한

메리야스(HOSIERY / 호저리) : 메리야스

모닝 코루(MORNING CALL / 모닝콜) : 호텔에서 손님이 원하는 시간에 아침에 깨우는 전화

미싱(SEWING MACHINE / 소잉머신) : 재봉틀

[ㅂ]

바게쯔(BASKET / 바스케트) : 바구니, 양동이

백미러(REARVIEW MIRROR / 리어비유 미러) : 백미러

볼펜(BALL POINT PEN / 볼 포인트 펜) : 볼펜

비닐백(PLASTIC BAG / 프라스틱백) : 비닐백

빠구 미라(BACK MIRROR / 백밀러) : 차에서 뒤를 보는 거울

빠구(BACK / 백) : 뒤로
빤쯔(PANTS / 펜스) : 허리에 꼭 붙는 짧은 속옷
빵구(PUNCTURE / 팡춰) : 뾰족한 곳에 찔려서 생긴 구멍
삐라(HANDBILL / 핸드빌) : 전단지

[ㅅ]

사라다(SALAD / 샐러드) : 샐러드
사이다(SPRITE / 스프라이트) : 사이다
샤프(MECHANICAL PENCIL / 메커니컬 펜슬) : 샤프
서비스(COMPLIMENTARY / 컴프리멘트리) : 공짜

[ㅇ]

아이쇼핑(WINDOW SHOPPING / 윈도쇼핑) : 아이쇼핑
아파트(APARTMENT / 아파트먼트) : 아파트
에로(EROTIC / 에로틱) : 성적인
에어컨(AIR CONDITIONER / 에어컨디셔너) : 에어콘
엑기스(EXTRACT / 엑스트레트) : 추출물, 진액
오바(OVERCOAT / 오버코트) : 외투
오바이트(VOMIT / 바미트) : 토하다
오토바이(MOTERCYCLE / 모터씨이클) : 오토바이
올드미스(OLD MAID / 올드메이드) : 노처녀
와이샤스(WHITE SHIRT / 화이트 셔스) : 남성 정장에 입는 흰 셔스
인프레(INFLATION / 인프레이션) : 통화팽창

[ㅈ]

자꾸(ZIPPER / 지퍼) : 지퍼
전자 레인지(MICROWAVE OVEN / 마이크로웨이브 오븐) : 전자 레인지

[ㅋ]

카레 라이즈(CURRY RICE / 커리 라이스) : 카레라이스
컨닝(CHEATING / 치팅) : 컨닝
콤비(COMBINATION / 콤비네이션) : 혼합된

크락션(KLAXON / 크랙슨) : 크락션, 경적

[ㅌ]

텔레비전(TELEVISION / 테레비죤) : TV

[ㅍ]

파마(PERM, PERMANENT / 펌, 퍼머넌트) : 파마
파이팅(GO FOR IT / 고 퍼 잇) : 파이팅
폴라티(TURTLE NECK / 터틀넥) : 목 폴라

[ㅎ]

하이바(HELMIT / 헬미트) : 강화 인조섬유로 만든 안전모
한도루(HANDLE / 핸들) : 자동차 핸들
핸드폰(MOBILE PHONE / 모바일 폰 또는 CELLULAR PHONE / 셀류라폰) : 핸드폰
호지기스(STAPLER / 스테이플러) : 호치기스
후리사이즈(FREE SIZE / 프리 사이즈) : 크기에 적용되지 않는 치수
후앙(FAN / 팬) : 환풍기

CHAPTER 47

영어 인줄 알고 많이 쓰는 제3외국어

최근 청년 실업문제가 심각하다고들 합니다. 그래서인지 요즈음 서울뿐만 아니라 지방 에서도 아르바이트(ARBEIT)한다는 구인광고나 전단지를 자주 보게 됩니다.

그러나 아르바이트(ARBEIT)가 영어가 아니고 독일어라고 아는 사람은 그리 많지 않을 것으로 생각합니다.

또한 겨울등산에 필수인 아이젠(STEIGEISEN)과 자일(SEIL)도 영어가 아니고, 파카(PARKA)만년필에 잉크(INK)를 넣었던 튜브(TUBU)와 흡사하여 물약이나 액체화장품을 액체물질을 옮길 때 사용하는 스포이드(SPUIT) 역시 영어가 아닙니다.

그럼 영어로는 어떻게 표현할까요? 이런 단어들을 소개합니다.

주제별 단어 모음

(독) ARBEIT **아르바이트** : 육체적, 정신적 노동
(영) PART TIME JOB **파트 타임 잡** : 시간제 부업

(독) STEIGEISEN **스테이크 아이젠** : 아이젠으로 통용
(영) CRAMPON **크램판** : 등산용 아이젠

(독) SEIL **자일** : 자일로 통용
(영) ROPE **로프** : 등산용 밧줄

(프) GENRE **종류** : 장르라 통용 / 프랑스어에서 유례
(영) GENRE **잔러**

(네) SPUIT **스포이드** : 액체를 빨아내기 위한 고무주머니가 달린 유리관
(영) PIPETTE **피펫**
(영) FOUNTAINPEN FILLER **파운틴펜 필러**

(포) JORRO **조루** : 화초 물 뿌리개
(영) WATER POT **워터 포트**

CHAPTER 48

명언

명언 몇 가지 정도는 외워두는 것이 참 좋을 것 같습니다.
어떻게 외우느냐고요?
사람은 항상 자신만의 잠재력을 가지고 있습니다. 노력하시면 안 될 것이 없어요.

학창시절 누구나 팝송을 따라 부른 기억은 아직 남아있을 겁니다.
저희시대에는 트위스트가 대세였습니다. 그 당시 체비 첵커(CHUBBY CHECKER)의 렛 트위스트 어겐(LET'S TWIST AGAIN)을 부르면서 트위스트 춤을 추지 않은 사람은 거의 없을 것이라고 생각합니다. 저도 신나게 추었으니까요.
생각해보면 그 당시 영어는 중학교 1학년 때 알파벳 ABC부터 배웠는데 어떻게 그 어렵고 긴 영어가사들을 읽고 외웠겠습니까.
라디오에서 노래가 나오면 우리나라 말로 대충 옮겨 적은 후 친구들과 함께 들리는 대로 외웠던 기억이 납니다. 부르던 가사 중에 제일 자신 있고 발음이 거의 노래와 같게 따라 부를 수 있는 짧은 가사.

"컴온 렛 투위스트 에겐 라이크, 디라 썸머"(COME ON LET'S TWIST AGAIN LIKE WE DID LAST SUMMER)

조금은 맞지 않지만, 거의 완벽한 본토발음을 받아썼던 그 잠재력으로 자신감을 가져보세요.

노병은 죽지 않고 사라질 뿐이다.
OLD SOLDIER NEVER DIE, THEY FADE AWAY.
(올드 솔져 네버 다이, 데이 페이드 어웨이)

구르는 돌에는 이끼가 끼지 않는다.
ROLLING STONE GATHERS NO MOSS.
(로링 스톤 게덜스 노 머스)

나만이 내 인생을 바꿀 수 있고, 아무도 나를 대신 할 수 없다.
ONLY I CAN CHANGE MY LIFE, NO ONE CAN DO IT FOR ME.
(온리 아이 캔 첸지 마이 라이프, 노 완 캔 두 잇 퍼 미)

어디를 가든 최선을 다해라.
WHEREVER YOU GO, GO WITH ALL YOUR HEART.
(웨얼에버 유 고, 고 위스 올 유어 핫)

내 사전엔 불가능이란 단어가 없다.
THE WORD IMPOSSIBLE IS NOT IN MY DICTIONARY.
(더 워드 임파시블 이즈 낫 인 마이 딕션어리)

크게 될 나무는 떡잎부터 알아본다.
THE TREE IS KNOWN BY ITS FRUIT.
(더 트리 이즈 노운 바이 잇스 프르트)

오늘 할일을 내일로 미루지 마라.
TOMORROW NEVER COMES.
(투머로 네버 컴스)

이것이 아니면 저것이다.

ALL OR NOTHING.

(올 오아 낫싱)

믿는 도끼에 발등 찍힌다.

TRUST MAKES WAY FOR TREACHERY.

(트라스트 메익스 웨이 퍼 트레처리)

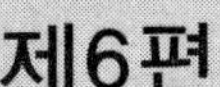

일반상식

CHAPTER 49

일반상식

우리가 듣고 사용했던 생활 속의 영단어들은 매우 많을 것입니다. 그러나 지금은 사용하지 않아서 머릿속 깊이 감추어진 단어들도 있을 것입니다.

우리가 흔히 주차장에서 볼 수 있는 앤트랜스(ENTRANCE)는 어느 정도 정확히 발음을 할 수 있지만 캄캄한 극장 안에서 유일하게 보이는 엑지트(EXIT)라는 단어의 정확한 발음은 어려웠으리라 생각합니다.

하지만 EXIT를 정확히 발음하기 위하여 사전을 찾아본 독자들은 많지 않을 것입니다.

아래에는 일상생활에서 많이 쓰고 있는 단어들이 포함되어 있습니다.

또한 우리가 너무나 많이 쓰고 있는 AM(오전), PM(오후)와 같은 줄임말의 정확한 의미와 철차(SPELL)를 알아보는 기회가 됐으면 합니다.

TV를 보다가 정확한 이해가 어려운 영어단어가 있으시다면 본서를 TV옆에 놓으시고 컨닝(CUNNING)실력 발휘하세요.

아참.. 우리가 보통 시험에서 부정행위로 쓰고 있는 CUNNING 역시 콩글리쉬인 것은 알고 계시죠?

주제별 단어 모음

[ㄱ]

가베지(GARBAGE) : 쓰레기
거라지(GARAGE) : 차고
거라지 세일(GARAGE SALE) : 자기 집 차고에서 중고물품 판매
겔럭시(GALAXY) : 은하수
고우트(GOAT) : 염소
골드(GOLD) : 금
그라운드 프러워(GROUND FLOOR) : 1층
그레이브(GRAVE) : 묘소
그레이프(GRAPE) : 포도
그레이프 스킨(GRAPE SKIN) : 포도 껍질
그레이프 시드(GRAPE SEED) : 포도씨
그루(GLUE) : 접착제
글로서리(GROCERY) : 잡화점(원어민 발음은 구로서리)

[ㄴ]

나르시즘(NARCISSISM) : 자기도착증(원어민 발음은 날시시점)
나이스(NICE) : 좋은
나인스(NINTH) : 9번째의
나인스 프라워(NINTH FLOOR) : 9층
나인티어스(NINETIETH) : 90번째
나인틴스(NINETEENTH) : 19번째
나트(KNOT) : 매듭
날리쥐(KNOWLEDGE) : 지식
날시서스(NARCISSUS) : 수선화
너버스(NERVOUS) : 초조해하는, 신경이 과민한
너스(NURSE) : 간호원
네버 마인드(NEVER MIND) : 괜찮아, 걱정 마
네셔날 세머터리(NATIONAL CEMETERY) : 국립묘지

네이비(NAVY) : 해군(원어민 발음은 네비)
네이버(NEIGHBOR) : 이웃
네이버후드(NEIGHBORHOOD) : 이웃사람
네이블(NAVEL) : 배꼽
네이춰(NATURE) : 자연
네추럴(NATURAL) : 자연의
노 프라브럼(NO PROBLEM) : 문제없음
노뱀버(NOVEMBER) : 11월
노스타리자(NOSTALGIA) : 향수
노스폴(NORTH POLE) : 북극
노트북(NOTEBOOK) : 공책(원어민 발음은 노우북)
노이지(NOISY) : 시끄러운
노트(NOTE) : 메모, 주의하다
노트벌(NOTABLE) : 주목할 만한, 중요한
노하우(KNOWHOW) : 지식과 경험, 방법을 알다
뉴문(NEW MOON) : 초승달
뉴스(NEWS) : 소식

[ㄷ]

다이렉트 커런트(DIRECT CURRENT) : 직류 전기(줄임말 DC로 통용)
다이아몬드(DIAMOND) : 금강석 보석(원어민 발음은 다이몬드)
다이어 메터(DIAMETER) : 지름
다이어로그(DIALOGUE) : 책 영화에 나오는 대화
더 코리아 밀리터리 네이벌 아카데미(THE KOREA NAVAL ACADEMY) : 해군사관학교
더 코리아 밀리터리 아카데미(THE KOREA MILITARY ACADEMY) : 육군사관학교
더 코리아 밀리터리 에어퍼스 아카데미(THE KOREA AIR FORCE ACADEMY) : 공군사관학교
더블 아이리드(DOUBLE EYELID) : 쌍꺼풀
더티(DIRTY) : 더러운
던(DAWN) : 해뜰 무렵

데먼스트래이션(DEMONSTRATION) : 데모
데스크(DESK) : 책상
데이브레이크(DAYBREAK) : 동틀 무렵
데저트(DESERT) : 사막
덴드라이언(DANDELION) : 민들레
덴저러스(DENGEROUS) : 위험한
도그(DOG) : 개(원어민 발음은 덕)
도메스틱(DOMESTIC) : 국내의
도멘트 볼케이너(DORMANT VOLCANO) : 휴화산
돔(DOME) : 반구형 지붕
드라메틱스(DRAMATICS) : 연극 같은 행동
드라워(DRAWER) : 서랍
드링크(DRINK) : 음료, 마실 것
디레이드(DELAYED) : 지연
디렉터(DIRECTOR) : 임원
디리셔스(DELICIOUS) : 아주 맛있는
디맨드(DEMAND) : 요구
디멘션(DIMENSION) : 공간크기
디바이드(DIVIDE) : 나누기
디비젼(DIVISION) : 분할, 분배, 부서
디셈버(DECEMBER) : 12월
디스턴스(DISTANCE) : 거리
디스트리브션(DISTRIBUTION) : 분배, 배급
디스포저블(DISPOSABLE) : 일회용
디스포저블 다이퍼(DISPOSABLE DIAPER) : 일회용 기저귀
디스포저블 라이터(DISPOSABLE LIGHTER) : 일회용 라이타
디스포저블 스링즈(DISPOSABLE SYRINGE) : 일회용 주사기
디스포저블 컵(DISPOSABLE CUP) : 일회용 컵
디스프레이(DISPLAY) : 전시하다
디자이어(DESIRE) : 욕구, 갈망
디자이어러벌(DESIRABLE) : 호감 가는, 바람직한
디자이어벌 우먼(DESIRABLE WOMAN) : 성적 매력이 있는 여자, 탐나는 여자

디저트(DESSERT) : 후식
디터먼(DETERMINE) : 알아내다
디파추어(DEPARTURE) : 출발
디파추어 타임(DEPARTURE TIME) : 출발 시간
디파트먼트(DEPARTMENT) : 부서, 학과
디파트먼트 스토아(DEPARTMENT STORE) : 백화점
디프로매트(DIPLOMAT) : 외교관
디피컬티(DIFFICULTY) : 어려움, 곤경

[ㄹ]

라이스(RICE) : 쌀
라이스(RISE) : 증가
라이언(LION) : 사자
라이터(WRITER) : 문인
랭귀지(LANGUAGE) : 언어
런드리(LAUNDY) : 세탁물
레드 로즈(RED ROSE) : 빨간 장미
레드(RED) : 빨간
레빗(RABBIT) : 토끼
레이들(LADLE) : 국 푸는 국자
레이즈(RAISE) : 들어 올리다
레이크(LAKE) : 호수
레인지(RANGE) : 범위
레져던트(RESIDENT) : 거주자
레져던트(RESIDENT) : 수련의
레크레이션(RECREATION) : 오락
레크레이션널 비히클(RECREATIONAL VEHICLE) : 레저차량(줄인 말 RV 로 통용)
레크레이션널 퍼시리티스(RECREATIONAL FACILITIES) : 복지시설
렉춰(LECTURE) : 강의
렉텡글(RECTANGLE) : 직사각형
렌탈 서비스(RETAL SERVICE) : 대여 서비스

렌탈 카(RENTAL CAR) : 임대 자동차
렌탈(RENTAL) : 임대료
렌탈 하우스(RENTAL HOUSE) : 임대주택
렐러번트(RELEVANT) : 관련 있는
렘(LAMB) : 어린양
렙(WRAP) : 포장하다
로드램프(ROAD LAMP) : 가로등
로열 패미리(ROYAL FAMILY) : 왕족
로열(ROYAL) : 국왕
로열티(ROYALTY) : 사용료
로즈 오브 세론(ROSE OF SHARON) : 무궁화
로컬 어소리티(LOCAL AUTHORITY) : 지방 정부당국
로터스 플라워(LOTUS FLOWER) : 연꽃
루비(RUBY) : 홍옥(보석)
룰러(RULER) : 자
리라이어블(RELIABLE) : 믿을 수 있는
리마크(REMARK) : 내용에 대하여 논하여 비평함
리미트(LIMIT) : 한도, 한계(원어민 발음은 리밋)
리버(RIVER) : 강
리스트(WRIST) : 손목
리얼 리스틱(REALISTIC) : 현실적인
리얼 휠 드라이브 카(REAR WHEEL DRIVE CAR) : 후륜 구동차
리얼(REAL) : 실제의
리얼리즘(REALISM) : 현실주의
리얼리티(REALITY) : 현실, 실제상황
리절트(RESULT) : 결과
리젝트(REJECT) : 거절
리컬 스토아(LIQUOR STORE) : 주류 판매점
리타이어먼트(RETIREMENT) : 퇴직
리타이어먼트 패이(RETIREMENT PAY) : 퇴직금
리터러춰(LITERATURE) : 문학
리테인(RETAIN) : 유지하다

리테일(RETAIL) : 소매
리틀 핑커(LITTLE FINGER) : 새끼손가락
리포터(REPORTER) : 보도기자
리프레이스(REPLACE) : 대체하다
링 핑거(RING FINGER) : 약지

[ㅁ]

마더 랭귀지(MOTHER LANGUAGE) : 모국어
마들(MODEL) : 모형
마린 콥스(MARINE CORPS) : 해병대
마운튼(MOUNTAIN) : 산
마이너스(MINUS) : 빼기
마이스터(MEISTER) : 특정 분야의 거장
마취(MARCH) : 3월
머스(MARS) : 화성
머스타스(MUSTACHE) : 코밑 수염
머큐리(MERCURY) : 수성
먼데이(MONDAY) : 월요일
멀티프라이(MULTIPLY) : 곱하기
메가(MEGA) : 큰
메가스토어(MEGA STORE) : 큰 상점
메그노리아(MAGNOLIA) : 목련
메너(MANNER) : 태도
메뉴(MENU) : 음식 차림표
메리트(MERIT) : 장점
메스메딕스(MATHMATICS) : 수학
메이(MAY) : 5월
메이플(MAPLE) : 단풍나무
메이플 리프(MAPLE LEAF) : 단풍잎
메이플(MAPLE) : 단풍나무
메이플시럽(MAPLE SYRUP) : 단풍 당밀
메일(MAIL) : 우편물

모닝그로리(MORNING GLORY) : 나팔꽃
모럴(MORAL) : 도덕
모아 오아 레스(MORE OR LESS) : 거의
몰(MALL) : 주차장이 준비된 밀집상가
몰딩(MOLDING) : 주형
몰드(MOULD) : 주형, 틀
몽키(MONKEY) : 원숭이
뮤니서플(MUNICIPAL) : 지방자치제
뮤지션(MUSICIAN) : 음악가
뮤지엄(MUSEUM) : 박물관
뮤트(MUTE) : 벙어리
미니스터(MINISTER) : 장관
미들 어브 젠유어리(MIDDLE OF JANUARY) : 1월 중순
미들 어브 페브러리(MIDDLE OF FEBRUARY) : 2월 중순
미들 어브 마취(MIDDLE OF MARCH) : 3월 중순
미들 어브 에이프럴(MIDDLE OF APRIL) : 4월 중순
미들 어브 메이(MIDDLE OF MAY) : 5월 중순
미들 어브 쥰(MIDDLE OF JUNE) : 6월 중순
미들 어브 쥬라이(MIDDLE OF JULY) : 7월 중순
미들 어브 어거스트(MIDDLE OF AUGEST) : 8월 중순
미들 어브 셉텐버(MIDDLE OF SEPTEMBER) : 9월 중순
미들 어브 억토버(MIDDLE OF OCTOBER) : 10월 중순
미들 어브 노뱀버(MIDDLE OF NOVEMBER) : 11월 중순
미들 어브 디셉버(MIDDLE OF DECMBER) : 12월 중순
미들 핑거(MIDDLE FINGER) : 중지
미리터리 메일(MILITARY MAIL) : 군사우편
미스터리(MYSTERY) : 추리
미트(MITT) : 야구 포수 장갑
미튼(MITTEN) : 벙어리 장갑
미티어(METEOR) : 별똥별
밀(MEAL) : 식사

[ㅂ]

바디 헤어(BODY HAIR) : 체모

바이스 미니스터(VICE-MINISTER) : 차관

바이스 프레지던트(VICE-PRESIDENT) : 부통령

바이오린 콘체르토(VIOLIN CONCERTO) : 바이오린 협주곡

바이오린이스트(VIOLINIST) : 바이올린 연주자

바젯(BUDGET) : 예산

배리어블(VARIABLE) : 변동이 심한

밴대지(BANDAGE) : 붕대

버나나(BANANA) : 바나나

버로(BORROW) : 빌리다

버티클(VERTICAL) : 세로

베리어스(VARIOUS) : 다양한, 각양각색

베어(BEAR) : 곰

베이스(VASE) : 꽃병

베이스먼트(BASEMENT) : 건물의 지하층

베키움 버틀(VACUUM BOTTLE) : 보온병

볼륨(VOLUME) : 용량, 용적(원어민 발음은 볼윰)

볼케이노 크레이터(VOLCANO CRATER) : 분화구

볼케이노(VOLCANO) : 화산

브라운(BROWN) : 갈색

브라인드(BLIND) : 맹인

브런즈(BRONZE) : 청동

브런즈 메달(BRONZE MEDAL) : 동메달

브레스트(BREAST) : 유방

브레지어(BRASSIERE) : 가슴을 감싸는 여성 속옷

브렌치 오피스(BRANCH OFFICE) : 지사

브렌치(BRANCH) : 나뭇가지, 갈라지다, 분점

브루스케타(BRUSCHETTA) : 바케트빵에 야채, 치즈를 얹은 것(원어민 발음은 부루세타)

블랙(BLACK) : 검정

블랙박스(BLACK BOX) : 비행기나 차량 따위에 비치하는 주행 기록장치

블루(BLUE) : 푸른
비기닝 어브 젠유어리(BEGINNING OF JANUARY) : 1월 초순
비기닝 어브 페브러리(BEGINNING OF FEBRUARY) : 2월 초순
비기닝 어브 마취(BEGINNING OF MARCH) : 3월 초순
비기닝 어브 에이프럴(BEGINNING OF APRIL) : 4월 초순
비기닝 어브 메이(BEGINNING OF MAY) : 5월 초순
비기닝 어브 쥰(BEGINNING OD JUNE) : 6월 초순
비기닝 어브 쥬라이(BEGINNINF OF JULY) : 7월 초순
비기닝 어브 어거스트(BEGINNING OF AUGUST) : 8월 초순
비기닝 어브 셉텐버(BEGINNING OF SEPTEMBER) : 9월 초순
비기닝 어브 억토버(BEGINNING OF OCTOBER) : 10월 초순
비기닝 어브 노뱀버(BEGINNING OF NOVEMBER) : 11월 초순
비기닝 어브 디셉버(BEGINNING OF DECEMBER) : 12월 초순
비너스(VENUS) : 금성
비어드(BEARD) : 턱수염
비지(BUSY) : 바쁜
비지니스(BUSINESS) : 사업(원어민 발음은 비지네스)
비취(BEACH) : 해변
비취볼(BEACH BALL) : 물놀이용 공
빅토우(BIG TOE) : 엄지발가락
빌드(BUILD) : 건설하다
빌딩(BULIDING) : 건물

[ㅅ]

사우스 폴(SOUTH POLE) : 남극
사운드트랙(SOUNDTRACK) : 영화음악
사이런스(SILENCE) : 고요, 적막
사이렌(SIREN) : 신호, 경보 나타내는 소리
사이언스(SCIENCES) : 과학
사이언티스트(SCIENTIST) : 과학자
사이프러스(CYPRESS) : 삼나무 일종
사파이어(SAPPHIRE) : 청옥 보석

사퍼(SUFFER) : 고통받다
샤크(SHARK) : 상어
서드(THIRD) : 세번째
서드 프러워(THIRD FLOOR) : 3층
서머스 버틀(THERMOS BOTTLE) : 보온병
서바이브(SURVIVE) : 생존
서브젝트(SUBJECT) : 주제
서스팩트(SUSPECT) : 용의자
서튼(CERTAIN) : 확실한
서티 파이브(THIRTY-FIVE) : 35번째
서티어스(THIRTIETH) : 30번째
서틴스 프러워(THIRTEENTH FLOOR) : 13층
서틴스(THIRTEENTH) : 13번째의
서포터(SUPPORTER) : 후원자, 지지자
서포트(SUPPORT) : 지지
서프라이(SUPPLY) : 공급
선데이 스쿨(SUNDAY SCHOOL) : 주일 학교
선데이(SUNDAY) : 일요일
선셋 인더스트리(SUNSET INDUSTRY) : 사양 산업
선셋(SUNSET) : 일몰
선플라워(SUNFLOWER) : 해바라기
선플라워 시드(SUNFLOWER SEED) : 해바리기씨
세드(SAD) : 슬픈
셀러리(SALARY) : 급여
세러머니(CEREMONY) : 의식
세레브레이션(CELEBRATION) : 기념행사
세머터리 팍(CEMETERY PARK) : 공원, 묘지
세머터리(CEMETERY) : 묘지
세븐 틴스 프러워(SEVENTEENTH FLOOR) : 17층
세븐스 프러워(SEVENTH FLOOR) : 7층
세븐스(SEVENTH) : 7번째
세븐스타(SEVEN STAR) : 북두칠성

세븐티어스(SEVENTIETH) : 70번째

세븐틴스(SEVENTEENTH) : 17번째의

세컨 프러워(SECOND FLOOR) : 2층

세컨드(SECOND) : 두번째의

세터데이(SATURDAY) : 토요일

세턴(SATURN) : 토성

섹터(SECTOR) : 분야, 부분

센서티브(SENSITIVE) : 세심한

센세이션(SENSATION) : 느낌

센세이션널(SENSATIONAL) : 선풍적인, 돌풍을 일으키는

센스(SENSE) : 감각

셉템버(SEMTEMBER) : 9월

소오프(SOUP) : 비누

소울(SOLE) : 발바닥

소프트 드링크(SOFT DRINK) : 청량음료

숄져(SOLDIER) : 군인

수트(SUIT) : 남자 정장

수프림(SUPERME) : 최고의

수퍼바이저(SUPERVISOR) : 감독관, 통제관, 지도교수

쉬림프(SHRIMP) : 새우(원어민 발음은 쉬림)

쉽(SHEEP) : 양

스라쉬(SLASH) : 선을 긋다(/)

스로프(SLOPE) : 경사지

스마트(SMART) : 맵시 좋은, 말쑥한

스윔(SWIM) : 수영

스위밍풀(SWIMMING POOL) : 수영장

스쿼러(SQUIRREL) : 다람쥐

스퀘어(SQUARE) : 정사각형, 광장

스테어(STAIR) : 계단

스테이지(STAGE) : 무대

스테이플러(STAPLER) : 호치키스

스텝(STAFF) : 직원

스텝(STEP) : 걸음걸이
스트레스(STRESS) : 압박, 긴장
스트로베리(STRAWBERRY) : 딸기(원어민 발음은 스토러베리)
스파케티(SPAGHETTI) : 이태리식 국수
스페셜(SPECIAL) : 특별한
스폭스맨(SPOKESMAN) : 대변인
스피드 범(SPRRD BUMP) : 주택, 학교 앞 방지턱
스피드험(SPEED HUMP) : 도로 위의 방지턱
슬립(SLEEP) : 자다(원어민 발음은 스립)
시그날 라이트(SIGNAL LIGHT) : 신호등
시리어스(SERIOUS) : 심각한
시빌 서번트(CIVIL SERVANT) : 공무원
시이번(SIDEBURN) : 구레나룻
시저스(SCISSORS) : 가위
시튜에이션(SITUATION) : 상황, 처지
시티즌(CITIZEN) : 시민
식스(SIX) : 육
식스(SIXTH) : 6번째의
식스 프러워(SIXTH FLOOR) : 6층
식스티어스(SIXTIETH) : 60번째
식스틴스 프러워(SIXTEENT FLOOR) : 16층
식스틴스(SIXTEENTH) : 16번째의
실버(SILVER) : 은색
실버 타운(SILVER TOWN) : 노인들이 집단으로 생활하는 촌락
심퍼세틱(SYMPATHETIC) : 동정적인
심포니(SYMPHONY) : 교향곡(원어민 발음은 씸포니)
심포니 오케스트라(SYMPHONY ORCHESTRA) : 교향악단
싱어(SINGER) : 가수(원어민 발음은 싱거)
싸이(THIGH) : 넓적다리
써스데이(THURSDAY) : 목요일
썸(THUMB) : 엄지손가락
썸하우(SOMEHOW) : 어떻게든

씨이오(CEO : CHIEF EXECUTIVE OFFICER) : 최고 경영자(줄인 말 CEO로 통용)

[ㅇ]

아규(ARGUE) : 언쟁하다
아미(ARMY) : 육군
아미헤드쿼터스(ARMY HEADQUARTERS) : 육군본부
아웃 스탠딩(OUTSTANDING) : 미해결
아웃라인(OUTLINE) : 개요, 윤곽
아웃렛(OUTLET) : 직매점
아이 위드너스(EYE WITNESS) : 목격자
아이덴티피케이션(IDENTIFICATION) : 신분 증명
아이브라우(EYEBROW) : 눈썹
아이래쉬(EYELASH) : 속눈썹
아이리드(EYELID) : 눈꺼풀
아쿠아(AQUA) : 물
아쿠어리엄(AQUARIUM) : 수족관
아토피(ATOPY) : 선천적 알레르기 체질(원어민 발음은 에터피)
아티스트(ARTIST) : 예술가
아파스트러피(APOSTROPHE) : 소유격을 나타내는 (')부호
악터퍼스(OCTOPUS) : 문어
앤트랜스(ENTRANCE) : 입구
앰뷸런스(AMBULANCE) : 구급차(원어민 발음은 엠비런스)
앵그리(ANGRY) : 화난
앵셔스(ANXIOUS) : 염려하는
앵클(ANKLE) : 발목
어거스트(AUGEST) : 8월
어그리(UGLY) : 추한
어니스트(HONEST) : 정직한
어덜트(ADULT) : 성인
어드밴스(ADVANCE) : 미리, 사전에
어드번티지(ADVANTAGE) : 이점, 장점, 유리한 점

어라이벌 타임(ARRIVAL TIME) : 도착시간
어라이벌(ARRIVAL) : 도착
어메이징(AMAZING) : 놀라운
어브잭티브(OBJECTIVE) : 목적, 목표
어비리티(ABILITY) : 능력
어소라이제이션(AUTHORIZATION) : 공식적인 허가
어소리티(AUTHORITY) : 지휘권
어슈어(ASSURE) : 장담하다
어스쿠웨이크(EARTHQUAKE) : 지진
어씨스턴트(ASSISTANT) : 조수, 보조원
어젤리아(AZALEA) : 철쭉
어취브(ACHIEVE) : 달성하다
어컴프리쉬(ACCOMPLISH) : 완수하다, 성취하다
어코모데이션(ACCOMMODATION) : 숙소, 거처
어키텍트(ARCHITECT) : 건축가
어프레이드(AFRAID) : 두려워하다
어프로발(APPROVAL) : 찬성
어프로치(APPROACH) : 접근 하다
어프리쉬에이트 신시어리(APPRECIATE SINCERELY) : 깊이 감사하다
어프리쉬에이트 어비리티(APPRECIATE ABILITY) : 능력을 인정하다
어프리쉬에이트(APPRECIATE) : 고마워하다
억토버(OCTOBER) : 10월
언어보이더블(UNAVOIDABLE) : 불가피한, 어쩔 수 없는
엄부레라(UMBRELLA) : 우산
업젝션(OBJECTION) : 반대
에너지(ENERGY) : 정력, 활기
에니버셔리(ANNIVERSARY) : 기념일
에디터(EDITOR) : 편집자
에디히시브(ADHESSIVE) :접착제
에머럴드(EMERALD) : 선녹색 보석
에스데디크(AESTHETIC) : 미적인, 심미적
에스펄트(ASPHALT) : 도로포장 아스팔트

에어 퍼스(AIR FORCE) : 공군
에어로빅 댄싱(AEROBIC DANCING) : 음악에 맞춰 유산소 운동 춤을 결합한 건강체조
에어로빅(AEROBIC) : 유산소의
에어포투(AIRPORT) : 공항
에이드(ADE) : 달콤한 음료
에이스(EIGHTH) : 8번째의
에이스 프러워(EIGHTH FLOOR) : 8층
에이티어스(EIGHTIETH) : 80번째
에이티어스 버스데이(EIGHTIETH BIRTHDAY) : 80세 생일
에이틴스(EIGHTEENTH) : 18번째의
에이틴스 프러워(EIGHTEENTH FLOOR) : 18층
에이프럴(APRIL) : 4월
에즈마(ASTHMA) : 천식
에트랜틱(ATLANTIC) : 대서양
에포트(EFFORT) : 노력
엑서사이즈 바이크(EXERCISE BIKE) : 실내운동 자전거
엑서사이즈 북(EXERCISE BOOK) : 연습장
엑서사이즈(EXERCISE) : 육체적, 정신적 운동
엑세스(ACCESS) : (컴퓨터 파일에) 접근, 접속
엑셉트(ACCEPT) : 받아들이다
엑스비션(EXHIBITION) : 전시회
엑스크루메이션 마크(EXCLAMATION MARK) : 느낌표
엑스크루메이션(EXCLAMATION) : 감탄사
엑지트(EXIT) : 출구
엑터(ACTOR) : 남자배우
엑트레스(ACTRESS) : 여자 배우
엑티브 볼케이노(ACTIVE VOLCANO) : 활화산
엔게이지먼트(ENGAGEMENT) : 약혼
엔게이지먼트 링(ENGAGEMENT RING) : 약혼반지
엔드 어브 젠유어리(END OF JANUARY) : 1월말
엔드 어브 페브러(END OF FEBRUARY) : 2월말

엔드 어브 마취(END OF MARCH) : 3월말
엔드 어브 에이프럴(END OF APRIL) : 4월말
엔드 어브 메이(END OF MAY) : 5월말
엔드 어브 쥰(END OF JUNE) : 6월말
엔드 어브 쥬라이(END OF JULY) : 7월말
엔드 어브 어거스트(END OF AUGEST) : 8월말
엔드 어브 셉텐버(END OF SEPTEMBER) : 9월말
엔드 어브 억토버(END OF OCTOBER) : 10월말
엔드 어브 노벤버(END OF NOVEMBER) : 11월말
엔드 어브 디셉버(END OF DECEMBER) : 12월말
엔바이러먼트(ENVIRONMENT) : 환경
엔티머리디언(ANTE-MERIDIAN) : 오전
엘러펀트(ELEPHANT) :코끼리(원어민 발음은 엘라펀트)
엘보(ELBOW) : 팔꿈치
엠프러이(EMPLOYEE) : 종업원
엠피(M.P. : MILITARY POLICE) : 헌병
엡샌트(ABSENT) : 결근하다
옐로우(YELLOW) : 노랑
옐로우 카드(YELLOW CARD) : 축구에서 반칙한 선수에 심판이 경고의 표시의 노랑카드
오가나이제이션(ORGANIZATION) : 조직 단체
오로라(AURORA) : 극광
오리언테이션(ORIENTATION) : 방향, 지향
오버비유(OVERVIEW) : 개관, 개요
오션(OCEAN) : 대양, 바다
오써(AUTHOR) : 작가
오케스트라(ORCHESTRA) : 관현악단
오크(OAK) : 떡갈나무, 상수리나무
오퍼레이션(OPERATION) : 수술, 가동, 작동
오프닝 세레모니(OPENING CEREMONY) : 개회식
와일드(WILD) : 거친, 야생의
우든 필로(WOODEN PILLOW) : 목침

워터펄(WATERFALL) : 폭포
웨딩 드레스(WEDDING DRESS) : 여성용 혼례 의상
웨딩 리셉션(WEDDING RECEPTION) : 결혼 피로연
웨딩 마취(WEDDING MARCH) : 결혼 행진곡
웨딩 에니버셔리(WEDDING ANNIVERSARY) : 결혼 기념일
웨얼(WHALE) : 고래
웨이스트(WASTE) : 낭비
웨이스트 페이퍼(WASTE PAPER) : 휴지
웬스데이(WEDNESDAY) : 수요일
위드너스(WITNESS) : 증인
유니버스(UNIVERSE) : 우주
유니버스티(UNIVERSITY) : 대학
유니버스티 그레쥐에이트(UNIVERSITY GRADUATE) : 대학 졸업자
유엔(UN : UNITED NATION) : 국제 연합
유엔 세크리터리 제내널(UN SECRETARY GENERAL) : 유엔 사무총장
유엔 시큐리티 카운슬(UN SECURITY COUNCIL) : 유엔 안전보장이사회
이그제큐티브(EXECUTIVE) : 경영, 간부
이네비터벌(INEVITABLE) : 불가피한, 피할 수없는
이니셔티브(INITIATIVE) : 계획, 적극성
이니셜(INITIAL) : 초기의
이레이져(ERASER) : 지우개
이모티콘(EMOTICON) : 문자, 숫자, 기호를 조합해 감정을 표현할 수 있는 그림말. EMOTION(감정)과 ICON의 결합어
이벤트(EVENT) : 사건, 행사
이샌셜(ESSENTIAL) : 필수적인
이스타브라쉬(ESTABLISH) : 설립하다
이슈(ISSUE) : 쟁점
이지(EASY) : 쉬운
이쿠에이션(EQUATION) : 방정식
이쿠윕 먼트(EQUIPMENT) : 장비, 용품
이퀄(EQUAL) : 동등한, 같은
이큐이버런트(EQUIVALENT) : 동등한

이크립스(ECLIPSE) : 일식, 월식의 식
이트(EAT) : 먹다
익사이딩(EXCITING) : 신나는, 흥미진진한
익스첸지(EXCHANGE) : 교환
익스펜시브(EXPENSIVE) : 비싼
인두얼(ENDURE) : 참다, 인내하다
인디언 오션(INDIAN OCEAN) : 인도양
인잭션(INJECTION) : 주사
인커리지(ENCOURAGE) : 용기를 북돋우다
인크리스(INCREASE) : 증가
인터뷰(INTERVIEW) : 회견
인테리젼트(INTELLIGENT) : 총명한, 똑똑한
인퍼스먼트(ENFORCEMENT) : 시행, 집행
인펀드(INFANT) : 유아
일드(YIELD) : 양보
일레븐스 프러워(ELEVENTH FLOOR) : 11층
일레븐스(ELEVENTH) : 11째의
임브레이스(EMBRACE) : 포옹
이머전시룸(EMERGENCY ROOM) : 응급실
이머전시 스위치(EMERGENCY SWITCH) : 비상 스위치
이머전시 케이스(EMERGENCY CASE) : 구급상자
이머전시(EMERGENCY) : 비상사태
임프르브(IMPROVE) : 개선하다
잉글리쉬(ENGLISH) : 영어(원어민 발음은 잉그리쉬)

[ㅈ]

정션(JUNCTION) : 교차로
저널이스트(JOURNALIST) : 기자
저라프(GIRAFFE) : 기린
저쮜(JUDGE) : 판사
제너러스(GENEROUS) : 관대한, 후한
제네널 나리쥐(GENERAL KNOWLEDGE) : 일반상식

제패니스 시더(JAPANESE CEDER) : 삼나무
젠유어리(JANUARY) : 1월
젤러스(JEALOUS) : 질투하는
쥐어그랙피(GEOGRAPHY) : 지리
쥬라이(JULY) : 7월
쥬리맨(JURYMAN) : 배심원
쥬리박스(JURY BOX) : 배심원석
쥬비터(JUPITER) : 목성
쥰(JUNE) : 6월
지브라(ZEBRA) : 얼룩말

[ㅊ]
찹스틱(CHOPSTICK) : 젓가락
체런쥐(CHALLENGE) : 도전
체리(CHERRY) : 벚나무
체어(CHAIR) : 의자
체어맨(CHAIRMAN) : 회장
치프(CHIF) : 우두머리
친 업(CHIN UP) : 기운 내
친(CHIN) : 턱
칩(CHEAP) : 저렴한

[ㅋ]
카니벌(CANIVAL) : 축제
카우(COW) : 소
카운슬러(COUNSELOR) : 상담 전문가
카운슬(COUNCIL) : 의회
카운터(COUNTER) : 반대의, 계산대
카운터파트(COUNTERPART) : 상대
카이트(KITE) : 연
카크로(COCKCROW) : 첫 닭이 울 때
카타르시스(CATHARSIS) : 마음속 우울감, 불안감 등을 해소하고 정신의

안정을 찾는 것
카틀피시(CUTTLEFISH) : 오징어
카페테리아(CAFETERIA) : 자급식 식당(원어민 발음은 케퍼트리아)
칼라 부라인드(COLOUR BLIND) : 색맹
칼라(COLOUR) : 색깔
캄퍼티션(COMPETITION) : 경쟁하다
캠퍼스 라이프(CAMPUS LIFE) : 대학 생활
캠퍼스 퀸(CAMPUS QUEEN) : 미녀 대학생
캠퍼스(CAMPUS) : 대학 교정
캥거루(KANGAROO) : 캥거루
커넥션(CONNECTION) : 연관성, 관련성
커런시(CURRENCY) : 통화
커런트(CURRENT) : 현재의
커리어 우먼(CAREER WOMAN) : 직장 여성
커뮤니티(COMMUNITY) : 주민, 지역사회
커미리어(CAMELIA) : 동백나무
커팅보드(CUTTING BOARD) : 도마
커파시티(CAPACITY) : 수용력
커피 하우스(COFFEE HOUSE) : 커피 파는 집
컨센트(CONSENT) : 동의
컨퍼티션(COMPETITION) : 경쟁
컨펌(CONFORM) : 따르다
컨프렉트(CONFLICT) : 갈등
컨피던스(CONFIDENCE) : 신뢰
케럭터(CHARACTER) : 성격
케리커처(CARICATURE) : 사람의 특징을 과장하여 우습게 묘사한 그림
케리커처이스트(CARICATURIST) : 풍자 만화가
케멀(CAMEL) : 낙타
케스팅(CASTING) : 배역 선정
케틀(KETTLE) : 주전자
케프(CALF) : 종아리
켄디데이트(CANDIDATE) : 후보자

켓(CAT) : 고양이
코스모스(COSMOS) : 꽃이름, 우주
코어퍼레이션(COOPERATION) : 협력, 협동
코테이션 마크(QUOTATION MARK) : 따옴표(“)
코퍼레이션(COPERATION) : 기업, 회사
콘그레추레이션(CONGRATULATION) : 축하
콘더런스(CONDOLENCE) : 애도, 조의
콘도런스 콜(CONDOLENCE CALL) : 문상
콘도미니엄(CONDOMINIUM) : 객실을 분양 받아 구입자가 사용하지 않을 때 관리회사가 운영하여 임대료를 받는 형태의 호텔
콘디션(CONDITION) : 조건
콘체르토(CONCERTO) : 협주곡
콘티넨탈 크라이메트(CONTINENTAL CLIMATE) : 대륙성 기후
콸러파이(QUALIFY) : 자격을 얻다
콤마(COMMA) : 쉼표(원어민 발음은 코마)
콤펀세이션(COMPENSATION) : 보상
콰이어트(QUIET) : 조용한
쿠폰 티켓(COUPON TICKET) : 떼어 쓰는 표
쿠폰(COUPON) : 할인권
크라운(CROWN) : 왕관
크라이메트(CLIMATE) : 기후
크라임(CLIMB) : 오르다
크랭크 업(CRANK UP) : 영화촬영 종료
크랭크인(CRANK IN) : 영화 촬영 개시
크러젯(CLOSET) : 붙박이장
크레이언(CRAYON) : 크레용
크로우(CROW) : 까마귀
크루(CREW) : 승무원
크리메이션(CREMATION) : 화장
크리세서멈(CHRYSANTHEMUM) : 국화
크리에이트(CREATE) : 창조
크리티컬(CRITICAL) : 비판적인

킨더가든(KINDERGARTEN) : 유치원

[ㅌ]

타이거(TIGER) : 호랑이

탑 어프더 프트(TOP OF THE FOOT) : 발등

터닝 포인트(TURNING POINT) : 전환점

터틀(TURTLE) : 거북이

테러블(TERRIBLE) : 소름끼치는, 끔찍한

테이스트(TASTE) : 맛

텍스트(TEXT) : 책 잡지의 본문

텍스트북(TEXTBOOK) : 교과서

텐션(TENSION) : 긴장상태

텐스 프러워(TENTH FLOOR) : 10층

텐스(TENTH) : 10번째의

토우(TOE) : 발가락

토크워즈(TURQUOISE) : 터키옥 보석

토페스(TOPAZ) : 황옥 보석

토픽(TOPIC) : 화제, 주제

투스브라쉬(TOOTHBRUSH) : 칫솔

투스에이크(TOOTHACHE) : 치통

투스페이스트(TOOTHPASTE) : 치약

튜르(TRUE) : 사실인

튜스데이(TUESDAY) : 화요일

튤립(TULIP) : 꽃이름 튤립

툼(TOMB) : 묘소

트라블(TROUBLE) : 골칫거리, 문제

트라이엥글(TRIANGLE) : 삼각형

트렁크(TRUNK) : 옷, 책 등을 담는 큰 가방

트레디셔날 티하우스(TRADITIONAL TEAHOUSE) : 전통 차집

트레이닝(TRAINING) : 훈련

트레인(TRAIN) : 기차

트와이라이트(TWILIGHT) : 황혼, 땅거미

트웬티어스 센츄리(TWENTIETH CENTURY) : 20세기
트웬티어스(TWENTIETH) : 20번째
트웰스 프러워(TWELFTH FLOOR) : 12층
트웰스(TWELFTH) : 12번째의

[ㅍ]

파세트(FAUCET) : 수도꼭지
파스타(PASTA) : 이태리식 국수
파이네셜 에드(FINANCIAL AID) : 재정 원조
파이넨셜 서비스(FINANCIAL SERVICE) : 금융 서비스
파이넨셜 이어(FINANCIAL YEAR) : 회계연도
파이넨셜(FINANCIAL) : 재정의
파이러트(PILOT) : 항공기 조종사
파이어 스테이션(FIRE STATION) : 소방서
파이어 튜럭(FIRE TRUCK) : 소방차
파이어맨(FIREMAN) : 소방관
파이어우먼(FIREWOMAN) : 여자 소방관
파인(PINE) : 소나무
파인나트(PINE NUT) : 잣
파인니들(PINE NEEDLE) : 솔잎
파자마(PYJAMAS) : 잠옷(원어민 발음은 퍼제머스)
파피라(POPULAR) : 인기 있는
판타스틱(FANTASTIC) : 환상적인(원어민 발음은 팬테스틱)
팔러먼트(PARLIAMENT) : 의회
팜(PALM) : 손바닥, 야자나무
퍼니(FUNNY) : 재미있는
퍼랜더세스(PARENTHESES) : 괄호
퍼랜립스(FALLEN LEAVES) : 낙엽
퍼리스트(FOREST) : 숲
퍼리핑거(FOREFINGER) : 검지
퍼뮤라(FORMULA) : 공식
퍼미션(PERMISSION) : 허락, 허가

퍼샤이시아(FORSYTHIA) : 개나리
퍼소레리티(PERSONALITY) : 인격
퍼스 프러워(FOURTH FLOOR) : 4층
퍼스(FOURTH) : 4번째의
퍼스트 에드(FIRST AID) : 응급 치료
퍼스트 푸러워(FIRST FLOOR) : 1층
퍼이터스(POETESS) : 여류 시인
퍼이트(POET) : 시인
퍼카샤(FOCACCIA) : 오리브 기름, 소금, 야채를 뿌려 구운 동그란 이태리식 빵
퍼티어스(FORTIETH) : 40번째
퍼틴스 프러워(FOURTEENTH FLOOR) : 14층
퍼틴스(FOURTEENTH) : 14번째의
퍼포먼스 아트(PERFORMANCE ART) : 행위 미술
퍼포먼스(PERFORMANCE) : 공연
퍼헤드(FOREHEAD) : 이마
퍽 뮤지션(FOLK MUSICIAN) : 민족 음악가
페라슈우트(PARACHUTE) : 낙하산
페러다이스(PARADISE) : 낙원, 천국
페리(FERRY) : 연락선
페보리트(FAVOURITE) : 좋아하는
페브러리(FEBRUARY) : 2월
페스트푸드(FASTFOOD) : 즉석요리
페시픽(PACIFIC) : 태평양
페이머스(FAMOUS) : 명성, 유명한
페이싱 프라부럼(FACING PROBLEM) : 직면 문제
페인터(PAINTER) : 화가
페일(FAIL) : 실패하다
페일리어(FAILURE) : 실패
펙트(FACT) : 사실
펜션(PENSION) : 작은 호텔
펜터곤(PENTAGON) : 미국 국방부 건물

포링 부스(POLLING BOOTH) : 투표소
포스트 오피스(POST OFFICE) : 우체국
포스트머리디언(POST-MERIDIAN) : 오후
프라드(FLOOD) : 홍수
프라스(PLUS) : 더하기
프라우드(PROUD) : 자랑스러운
프라이데이(FRIDAY) : 금요일
프라이드(PRIDE) : 긍지
프라이벳(PRIVATE) : 개인의
프라이즈(PRIZE) : 상품
프라임 미니스터(PRIME MINISTER) : 국무총리
프로젝트(PROJECT) : 연구 또는 생산계획
프랜트(PLANT) : 식물
프러워(FLOOR) : 바닥, 층
프러포즈(PROPOSE) : 제안하다
프레스맨(PRESSMAN) : 기자
프레시멘(FRESHMAN) : 신입생
프레젠트(PRESENT) : 선물, 현재, 증정하다
프레줘 보우트(PLEASURE BOAT) : 유람선
프레줘(PLEASURE) : 기쁨, 즐거움
프레지던트(PRESIDENT) : 대통령
프레트펌(PLATFORM) : 기차 타기위한 단
프로그램(PROGRAM) : 업무 수행계획
프로덕션(PRODUCTION) : 제작
프로비젼날 거버먼트(PROVISIONAL GOVERNMENT) : 임시 정부
프로비젼날 라이선스(PROVISIONAL LICENCE) : 임시 면허증
프로비젼날 바젯(PROVISIONAL BUDGET) : 임시 예산
프로비젼날 볼(PROVISIONAL BALL) : 잠정구
프로비젼날(PROVISIONAL) : 일시적인
프로비죤(PROVISION) : 공급, 제공
프로세큐터(PROSECUTOR) : 검사
프로시버 이펙트(PLACEBO EFFECT) : 환자에게 위약을 투여한 후 심리

효과를 이용하여 호전되는 효과(플라시보 효과로 통용)
프로테스트(PROTEST) : 저항, 시위
프로페서(PROFESSOR) : 교수
프로페셔널(PROFESSION) : 전문적인
프론트 휠 드라이브 카(FRONT WHEEL DRIVE CAR) : 전륜 구동차
프루트 세러드(FRUIT SALAD) : 과일 샐러드
프리스쿨(PRESCHOOL) : 유치원
프리티(PRETTY) : 예쁘다
플문(FULL MOON) : 보름달
피그(PIG) : 돼지
피리어드(PERIOD) : 기간, 마침표
피어니스트(PIANIST) : 피아노 연주자
피언세이(FIANCE) : 약혼녀
피에노 콘체르토(PIANO CONCERTO) : 피아노 협주곡
피에노 튜리오(PIANO TRIO) : 피아노 3중주
피우너럴(FUNERAL) : 장례
피지컬(PHYSICAL) : 신체의
피톤치드(PHYTONCIDE) : 나무에서 방산되어 주위의 미생물 따위를 죽이는 작용을 하는 물질(원어민 발음은 파이톤사이드)
피프티어스(FIFTIETH) : 50번째
피프틴스 프러워(FIFTEENTH FLOOR) : 15층
피프틴스(FIFTEENTH) : 15번째의
픽(PEAK) : 정점
필로(PILLOW) : 베개
필로케이스(PILLOW CASE) : 베갯잇
필림 디렉터(FILM DIRECTOR) : 영화감독
핍스 프러워(FIFTH FLOOR) : 5층
핍스(FIFTH) : 5번째의
핑크(PINK) : 분홍

[ㅎ]

하버(HARBOUR) : 항구

하이라이트(HIGHLIGHT) : 강조하다, 중요한, 압권
하이트(HEIGHT) : 높이
하프문(HALF MOON) : 반달
해피(HAPPY) : 행복한
핸드 타올(HAND TOWEL) : 세수수건
헌드레스 버스데이(HUNDREDTH BIRTHDAY) : 100세 생일
헌드레스(HUNDREDTH) : 100번째
헤데이크(HEADACHE) : 두통
헤드마스터(HEADMASTER) : 교장
헤어(HAIR) : 머리털
헤어컷(HAIRCUT) : 이발
호리잔틀(HORIZONTAL) : 가로
호스 파워(HORSEPOWER) : 마력
호스(HORSE) : 말
호스맨(HORSEMAN) : 기수
홈워크(HOMEWORK) : 숙제
홈타운(HOMETOWN) : 고향
화이트 칼라(WHITE COLLAR) : 사무직
화이트(WHITE) : 흰색
화이트나이트(WHITENIGHT) : 백야
휴머니즘(HUMANISM) : 인문주의
휴머니티(HUMANITY) : 인간적인, 인간성
히포우(HIPPO) : 하마
히프(HIP) : 엉덩이
힙합(HIP HOP) : 도시 젊은이들의 문화로 랩뮤직, 브레이크 댄스, 낙서 예술이 포함된 것
힙합 뮤지션(HIPHOP MUSICIAN) : 힙합 가수

저자 약력

유 동 진

중앙대학교 심리학과 졸업
한국면제품 수출조합 근무
한국섬유직물원사 수출조합 근무
유텍스 근무
유코상사 설립
방글라데시 지사 설치
베트남 지사 설치

일상생활 속의 영어 – 한글 발음으로 이해하는

초 판 1쇄 인쇄 —— 2014년 10월 5일
초 판 1쇄 발행 —— 2014년 10월 10일
지은이 —— 유 동 진
펴낸이 —— 전 두 표
펴낸곳 —— 도서출판 **두남**
서울시 강동구 성내로6길 34-16 두남빌딩
신 고 : 제25100-1988-9호
TEL : 02) 478-2065, 2066, 2067, 2311
FAX : 02) 478-2068
E-mail : dunam1@unitel.co.kr
http://www.dunam.co.kr

정가 13,000원

ISBN 978-89-6414-560-9 13700